了解青春期的秘密

——我是男生——

主编 ◎ 陈静

四川大学出版社
SICHUAN UNIVERSITY PRESS

图书在版编目（CIP）数据

了解青春期的秘密 / 陈静主编． — 成都：四川大学出版社，2023.7

ISBN 978-7-5690-6235-9

Ⅰ．①了… Ⅱ．①陈… Ⅲ．①小学生－青春期－健康教育 Ⅳ．① G479

中国国家版本馆 CIP 数据核字（2023）第 134774 号

书　　名：	了解青春期的秘密
	Liaojie Qingchunqi de Mimi
主　　编：	陈　静

选题策划：	宋彦博　刘一畅
责任编辑：	刘一畅
责任校对：	庄　溢
装帧设计：	墨创文化
责任印制：	王　炜

出版发行：四川大学出版社有限责任公司
　　地址：成都市一环路南一段 24 号（610065）
　　电话：（028）85408311（发行部）、85400276（总编室）
　　电子邮箱：scupress@vip.163.com
　　网址：https://press.scu.edu.cn
印前制作：成都墨之创文化传播有限公司
印刷装订：四川省平轩印务有限公司

成品尺寸：170 mm×240 mm
印　　张：11
字　　数：118 千字

版　　次：2023 年 9 月 第 1 版
印　　次：2023 年 9 月 第 1 次印刷
定　　价：60.00 元（套装 2 册）

本社图书如有印装质量问题，请联系发行部调换

版权所有 ◆ 侵权必究

航航的朋友圈

《了解青春期的秘密·我是男生》
编委会

主　　编：陈　静

副 主 编：杜雪寒　兰　利　周兴余　商远米

委　　员：莫佳静　佘玉洁　李　雄　张庭华　何晓敏
　　　　　余　洁　唐雪梅　罗　旋　张权伟　田　瑞
　　　　　李　柯　曾兴华　吴　邹　叶　勇　袁　伟

指导专家：陈　丽

插画指导：王东坡　彭　欢　周　敏

创意策划：夏　萍　唐　锐　林春梅

成长需要学习

亲爱的小朋友，作为你们的大朋友，在这里，我想和你们说说成长的事。

人人都渴望成长，但你们知道成长意味着什么吗？

首先，成长意味着长大，这是每个人都能感觉到的。每个幼小的生命都在自然地长大，例如，个子长高了，体重增加了，心思变深了，想法增多了，烦恼增加了……

其次，成长意味着变化，这并非每个人都清楚。我们的身体产生变化，性征随之出现，思维亦随之变化，在此基础上，我们看世界的角度变了，与周围人的关系也变了……

再次，成长意味着力量，这种力量具有"向好或向坏"的两面性。每个人能做的事多了，自我意识更强了，"不听话"的时候更多了，情绪"失控"的情况更多了，脾气也变大了……

这样看来，我们长大的过程并非自然而然发生的，也并非一帆风顺，而是"有好有坏"。成长让我们的个体生命变得丰满、多样和立体了，这是好事；但若没有处理好成长中的问题，可能就会带来不好的结果。少年期的成长不仅影响一个人的一生，还与祖国的发展密切相关。"少年强则中国强""少壮不努力，老大徒伤悲""一失足成千古恨"，都在强调成长的重要性。因此，在成长过程中，我们必须要努力保证"向好"发展。

那么，怎么才能做到呢？在此，我想强调一点：学习。

成长是需要学习的，成长过程中，不仅需要学习书本知识，学习生活常识，了解外面的世界，更要回到自身，"眼睛向

内看"，感知自己的变化，学习关于生命的知识，理解与接受成长中发生的各种变化，助力生命向好的方面生长。为此，在成长过程中，我们要不断增长本领，学会控制不良情绪，不断提高是非分辨力，管理自己的生命能量，让生命向着真善美的方向成长，成为最好的自己。

首都师范大学初等教育学院院长
首都师范大学儿童与未来教育创新研究院院长
中国陶行知研究会生命教育专业委员会理事长

2023 年 7 月 16 日于北京西山艺境

让青春不迷茫

青春，是人生最美好的年华，充满无限希望和憧憬。

青春，也是人生最迷茫的时期，充满未知和挑战。这一阶段生理和心理的急剧变化，让青春期的我们如同迷途的小鹿，徘徊在人生的十字路口。

亲爱的男生女生们，你们也许已经发现，青春期总有一些难以言说的莫名的烦恼。这些烦恼，有的来自身体的变化，有的来自和同学、朋友的交往，还有的来自父母和老师特别的"关爱"。青春期的你，一定想拥有一个了解你、接纳你、帮助你的大朋友。作为老师，我们同样经历过这些"成长的烦恼"，我们理解你们心中的不安与困惑，了解你们的无助与迷茫。因此，老师们化关爱为行动，将你们羞于启齿却又好奇的"青春期的秘密"写在了这本小书中，供你们阅读。无论你们的身体和心理是已经发生了变化，还是目前尚没有变化，你们都可以阅读、了解。等你们了解了这些变化，发现这些羞于启齿却又令人好奇的秘密其实是正常且美好的事情之后，你们就会觉得其实青春期也没有想象的那么可怕，甚至还会期待快快长大。

希望这本小书能成为你们成长路上的知心朋友，为你们排忧、解惑，帮助你们更好地认识自己、保护自己，懂得珍爱生命、敬畏生命，学会勇敢面对青春期的未知和挑战，成为内心充满阳光的男生女生！

亲爱的男生女生们，敞开心扉去迎接即将到来的青春期，用最好的状态去享受这花样的年华吧。

"让每一朵花开出自己的色彩"，让每一个生命绽放在美好的青春！

成都市教育科学研究院心理与艺体教育研究所所长

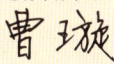

曹璇

2022年12月

自己学着长大

亲爱的同学们：

进入小学高段的学习后，你们是否已感觉到"我长大了"？这种长大了的感觉，可能是看到自己近一两年身高的增长，也可能是发现自己身体的变化，抑或希望有"大人"的主动感。

长大是从蹒跚学步到展翅高飞，是从牙牙学语到出口成章，是从一张白纸到色彩斑斓。今天我们借由已陪伴了你们几年的"西西""航航""实实"和"晓晓"的成长故事，希望可以告诉你们：长大还是生理的发育和心理的发展，是成长的烦恼和收获新知的喜悦，是小小姑娘长成亭亭少女、小小男子汉长成精神小伙。希望他们的故事可以帮助你们认识成长中身体的变化，找到情绪的密码，捕捉情感的发展，学习交往的技巧……

长大，是一件值得骄傲的事情。当女孩用初潮叩开青春的大门，当男孩用初遗吹响成长的号角，不论你是男孩还是女孩，我们都希望你能在长大中习得新知，在成长中收获快乐。

时光不语，静待花开；逐梦之路，星光为伴。谁都不能代替你长大，所以，我们一起来学着长大吧！衷心地祝福每位同学都能成为更加自信、自律、优秀的自己。

成都市双流区教育科学研究院心理健康教育研究员

陈丽

2022年12月

目录

序 / 01

第1章

我的青春不烦恼

第1课　我是小小男子汉……………………02
第2课　我变敏感了…………………………06

第2章

奇妙的身体变化

第3课　我的身高体重有变化了……………11
第4课　我的声音有"磁性"了………………15
第5课　我的身体"变异"了…………………19
第6课　包皮过长是怎么回事………………22
第7课　我的秘密好友——遗精……………26
第8课　我的私处护理………………………29

第3章

致青春期的我们

第9课　我要做自信男孩…………………33
第10课　我要做阳光男孩…………………37
第11课　我要做有担当的男孩……………42
第12课　我要管理好自己的情绪…………45
第13课　我和我的女同学…………………48
第14课　我和我的父母……………………52
第15课　我会正确使用网络资源…………55
第16课　面对霸凌，我会勇敢说"不"……58

第4章

致成长中的自己

第17课　我们从哪里来……………………61
第18课　我知道结婚生子是严肃的事情…64
第19课　我要抵制诱惑……………………69
第20课　我的父母怎么了…………………72

后记 / 78

第 1 章

我的青春
不烦恼

插画作者：刘蝉瑜

第 1 课　我是小小男子汉

❓ 航航的小困惑

大家好！我是航航，我还有三位好朋友：西西、实实和晓晓。我们的年纪跟你们一般大。作为男生，我最近感觉到身体变化很大，情绪也很不稳定。与西西和晓晓两位女生相处时，我的心理也有了一些变化，我开始在意她们对我的看法，并且总想引起她们的注意。星星老师，我到底是怎么了？

航航，别担心！这是因为你长大了，进入青春期啦！我们通常所说的青春期是指 10～19 岁。在这一时期，我们的身体和心理会发生一些变化。老师像你这么大时也经历过。这是正常现象，希望你学着了解自己的变化并接纳自己。

什么是"青春期"？

人的一生中有两个生长发育高峰期，婴儿期是第一个，青春期是第二个。青春期对我们一生的性格养成、体格发育甚至是智力水平都有深远影响。这个时期对我们每一位男生来说都非常重要。

在青春期，我们的身体会发生很大的变化，如个子增高、嗓音变粗、出现阴毛和胡须、长青春痘，甚至有梦遗现象。我们还会发现自己有了情绪的变化，和异性相处时也有了微妙的感觉。这些现象都标志着青春期的到来，我们不必焦虑，也不必感到窘迫，因为这是我们走向成人的必然过程。

研究表明：充足的睡眠、适当的运动和适量的阅读对智力、情绪等身心发育十分有利。科学家发现，人的大脑25岁左右才能发育完善，在此之前我们容易受环境和人的影响，不易对事情做出正确的判断。

我们的约定

　　我们要正确认识青春期这一过程，时刻记住我们开始长大啦！我们要认识自己，接纳自己，爱护自己。小小男子汉们，我们在此郑重约定：增强体质，合理作息，勤于学习，善于阅读，敢于担当，勇于创新，做个阳光大男孩！当我们遇到烦恼时，不要将它藏在心里，而是要主动和父母或老师交流，相信会得到很好的帮助哦！

成长寄语

　　进入青春期后我们的身体和心理会有许多变化。但由于个人体质不同，每个人的发育节奏也有差异。我们不用紧张，坦然接受这些差异并用良好的心态迎接自己的成长吧！

第 1 章 我的青春不烦恼

想一想

1. 你的身体是否开始迅速长高增重,出现喉结?
2. 你是否发现自己开始长出腋毛或阴毛、胡须?
3. 你的声音是否已开始变得低沉?

如果有以上任意一点,恭喜你,你已经进入青春期啦!当然,暂时没出现变化也是正常现象。

第 2 课　我变敏感了

航航的小困惑

实实，我最近心情不太好。

航航，你怎么了？

我最近发现我的身体开始长小毛毛了，声音也变低沉了，老师让我回答问题时，我都不想回答，特别害怕别人听出我声音的异样。而且，看到西西时，我总是脸红，有时都说不出话了。上课时，我总忍不住朝她看，想和她说话，却又不好意思。我这是怎么了？

没事儿的，航航。我爸爸告诉我：变声是每个男生都会经历的事情，说明你已经在慢慢蜕变成一个男子汉了。而且，在我们这个年龄开始注意女生也是正常的现象，所以，不用感到害怕。

第 1 章 我的青春不烦恼

小小困扰，正视它！

星星老师：小小男子汉们，你们是否有和航航一样的烦恼呢？

小东：我的身体也长出了小毛毛。我都不好意思穿短袖，也不好意思和同学一起上厕所了。好朋友都不带我玩了。

小刚：最近我的声音变得和以前不一样了，早读课也不敢大声朗读，特别不想说话，所以常常被老师批评。

星星老师：小东、小刚，别担心，身体长出小毛毛、音调变低沉是正常的身体发育变化，说明你正在长大。也许这些身体的变化会让你感到羞怯，不想开口说话。甚至别人和你说话时，你也是爱搭不理的。可是，你内心其实很在乎别人对自己的看法，常常拿自己和别人作比较。这一时期的你，更注重表达自己的想法、情绪不易控制、对事物的兴趣转移得也很快……这些情况都是正常的，不用过分紧张。

07

了解青春期的秘密 ▶ 我是男生

小明

> 最近同学们都在传我和小红的"八卦新闻",我都不好意思和她说话了,每次碰到她,我都会不自觉地脸红。

星星老师

> 小明,你在异性交往中产生的这种困惑往往会导致两种结果。也许,你会觉得这是一种很可耻的想法,给你带来无尽的困扰,担心自己变成别人口中不乖的学生,你便渐渐和女生疏离;也许,你会开始慢慢关注这个女同学,面对她会脸红,常常想找她说话,并开始注意自己的穿着,时刻想引起她的注意……这些都是正常的心理反应,是你心智发育正常的标志。但是,我们不能任由这样的想法发展,毕竟现在的我们人格还不够成熟,情绪还不够稳定,见识也尚浅,而且这样的朦胧好感也并不是真正的爱情萌芽。当然,这些现象在有些男孩子身上可能还没有出现,或者还没有完全出现,都很正常。随着年龄的增长、身体的发育,心理的变化会由朦胧到清晰,这是青春期的正常现象,也是人正常发育的过程。

第 1 章 我的青春不烦恼

成长寄语

青春期，是由童年过渡到成年的重要时期。青春期的我们意气风发、朝气蓬勃。但同时，伴随我们的还有懵懂无知、惴惴不安，让我们徒增烦恼。没关系，放轻松，正确认识它、接纳它，与其共度这美好年华。

想一想

1. 假如你发现自己的身体开始出现长小毛毛、声音变低沉等情况，你会告诉爸爸还是妈妈？你会如何告诉他们呢？

2. 在与他人交往中遇到困惑时，你会选择向老师还是向父母倾诉？你会如何向他们倾诉呢？

第 2 章

奇妙的身体变化

插画作者：曹家馨

第 3 课　我的身高体重有变化了

❓ 航航的小困惑

五年级开学的第一天，两个月不见的同学们很是兴奋。而航航呢，却很困扰，因为他发现以前比自己矮的同学，现在都比自己还高还壮了，然而自己的个子却一直没什么明显变化，还像"豆芽菜"一样。自己是出什么问题了吗？带着疑问，航航去询问爸爸原因。

爸爸笑着告诉航航："别担心，你的同学应该是开始进入青春期了。青春期标志着他正在从小男孩成长为男子汉。但是每个人的青春期开始时间有一定的差异。只要你保持健康的饮食和适当的锻炼，以后就一定能长得高高壮壮的。"航航恍然大悟："爸爸，我明白了，就像花朵的开放有早有晚，每个人的青春期也有早有晚。"

了解青春期的秘密 ▶ 我是男生

正确认识青春期！

　　青春期是指儿童逐渐向成年人发育的过渡时期，也是继婴儿期后，人生第二个生长发育高峰期。青春期一般在10岁至19岁之间。男孩的青春期开始年龄和结束年龄都比女孩晚2年左右。青春期的开始和结束时间有个体差异，可能相差2～5岁。青春期的生理特征主要体现在身高、体重等形态方面，同时在神经系统、肌肉力量等机能方面，以及在速度、耐力、灵敏度等身体素质方面，也表现出很大的变化。

　　1. 身高增长加速：身高增长的速度变快，一般持续2～3年。这期间身高一般以每年6～8厘米，多则以10～11厘米的速度增长。身高的增长标志着骨骼的生长，先是下肢增长，然后是脊柱伸长。身体长高固然会取决于先天因素，但后天的健康饮食、科学锻炼、合理作息，都有利于身高的增长。

第 2 章　奇妙的身体变化

2. 体重增长加速：在身高加速增长的同时，体重也跟着迅速增加。青春期前体重以平均每年 3 千克的速度增加，到了青春期可能以平均每年 5 千克的速度增加，体重的增加是骨骼、肌肉、脂肪和内脏迅速生长的结果。

3. 身体功能的增强：进入青春期的青少年不但身高、体重迅速增长，而且神经系统和内脏器官的生理功能都在迅速增强。

各美其美，健康最美！

树木有高矮粗细，花朵有五颜六色，河流有湍急平缓，音律有高低起伏……正是这些不同的形状、不同的颜色、不同的声音构成了这生动的世界。无论高矮胖瘦，只要我们的身体是健康的，就都是自然之美的体现。我们要坦然地接纳自己，勇敢地欣赏自己。不过，作为男生，我们也要知道：强壮的身体往往是男性美的重要一面，所以我们要积极参加体育锻炼，通过运动强健自己的体魄，让自己气宇轩昂，展现健康阳光的青春风采。

当然，除了身材，还有更多方面值得我们关注。首先，我们要保持良好整洁的形象，穿着打扮要符合自己的年龄。良好整洁的形象能够给人留下好的第一印象。其次，我们要善于发现自己身上的闪光点，肯定自己的优点，由内而外焕发出自信光彩。因为只有爱自己，才能让别人也爱我们。最后，我们要丰富自己的课外生活，培养广泛的兴趣爱好，塑造有趣的灵魂，做最棒的自己！

成长小知识

航航，你这个假期没长个子呀，你看我现在比你还高了！

你不过是青春期比我早一点开始罢了，以后我也会快速长高长壮的。

记一记

在每月的1号记录下自己的身高、体重，看看我们的变化。

第 4 课　我的声音有"磁性"了

❓ 航航的小烦恼

六年级上学期，航航很开心地发现自己长高了一大截。可是，新的问题又来了。在语文早读课上，他发现自己以前清脆悦耳的声音突然变得沙哑起来。刚开始，他以为自己感冒了，没太在意。但是这个情况持续了很长时间都没有好转，尤其是大声朗读时，他粗壮的声音和同学们的声音格格不入，一旦读错了，全班的目光都聚焦到他身上。

这太尴尬了，让本就内向的他感到自卑和苦恼。他不想开口说话了，更想在朗读时当个"哑巴"。幸好星星老师发现了航航的心事，及时地开导了他。

了解青春期的秘密 ▶ 我是男生

我们的声音为什么会改变呢？

我们的声音开始变化时，说明我们到了变声期。变声期可分为变声初期、变声中期和变声后期。男生变声最早大约在9岁，最迟大约在15岁。声带发生变化是变声期的一个重要表现。到了青春期，男生的喉腔变大，声带变宽、变厚，所以音调变得低沉而雄浑。男生通常在13岁左右进入变声期，声音在1～1.5年之内会发生本质变化，并逐渐长出喉结，同时还会长胡须。

我们该怎样爱护嗓子？

在变声期，有些男生可能会感到咽喉像有异物堵着，吐不出来，也咽不下去。另外，在这个阶段，嗓子很容易受到损伤，所以男生们要学会爱护自己的嗓子。该怎样爱护嗓子呢？

1. 我们应做到不大声喧哗，不过度用嗓。注意喉部保暖，尤其是冬天，尽量不穿低领的衣服，同时避免感冒。

2. 日常饮食不吃或少吃刺激性食物，尽量不吃辛辣食物，如大蒜、辣椒、生姜、韭菜等，因这些食物会刺激气管、喉头与声带；尽量少吃坚果类及油炸类等硬且干燥的食物，以免对喉咙造成机械性损伤。最重要的一点是：切勿吸烟和喝酒。因

第 2 章 奇妙的身体变化

为烟酒中的有害物质对青少年生长发育（包括声带的生长发育在内）的危害是非常大的。

3. 生活中注意劳逸结合，不仅要积极参加体育活动，增强体质，而且要保证每天有充足的睡眠时间，不熬夜。

成长寄语

青春期是我们生命中最灿烂的时期。婉转悠扬、悦耳动听的声音是美的，低沉浑厚、磁性清冷的声音也是美的。好好地爱护我们的嗓子吧，让它发出最美的声音！

判一判

1. 好朋友变声了，我时不时地取笑他。（　）
2. 我开始变声了，在赛场上大声为朋友加油！
　　　　　　　　　　　　　　　　（　）
3. 我喜欢吃烧烤，即使变声期也不例外。（　）

（以上做法都不对，相信你一定判断正确！）

第 5 课　我的身体"变异"了

❓ 实实的小烦恼

有一天，实实上厕所时突然发现自己的私处冒出了几根小毛毛，他以为是自己长出了几根较长的汗毛，就没有在意。一段时间后，他发现私处周边的毛毛越长越多，而且还有点粗。实实被吓了一跳，难道自己发生"变异"了？害怕的实实每次在学校上厕所都担心被人看到，总是一个人悄悄地去。有一天实实正在上厕所，被调皮的航航看见了他私处的小毛毛。实实尴尬极了。航航指着实实说："你那个地方也长毛毛了？我那个地方也长了好多毛毛"。实实很惊讶："为什么航航也长了小毛毛，难道我们都变异了？"

19

他们是"变异"了吗?

实实和航航不是发生"变异"了,他们是长大了。男生进入青春期之后体毛会长得很浓密,而且会长出腋毛和阴毛。所谓腋毛,就是腋窝下面长的毛;所谓阴毛,就是私处长的毛。通常阴毛会比腋毛更早一年出现。

随着青春期的发育,很多男生因为雄性激素分泌旺盛,不仅生殖器官周围会长出阴毛,大腿内侧、肛门周围也会长出阴毛。阴毛能够起到润滑的效果,避免身体与衣物之间产生摩擦。此外,阴毛还能保持皮肤干燥,吸收私处的分泌物,因而对身体健康十分有利。所以,男生看到私处长出细密柔软的毛毛时无须惊慌。随着年龄的增长,阴毛还会变得更粗更长更卷曲,那也标志着男性的成熟。

我们可以刮掉身上的这些毛毛吗?

这些毛毛都是身体健康的标志,也是男生明显的第二性征,它们的出现与生长是完全符合身体发育规律的。男生一定要记住,不要盲目剃掉身上的毛毛,更不要因为觉得难看或麻烦就用手拔掉它们,这样很容易引发毛囊炎。很多人会选择剃掉腋毛或阴毛,其实这对健康是有害的。不管是男生还是女生,腋毛和阴毛都能有效防止细菌滋生，避免敏感的腋窝或生殖器官受到外来侵扰。在生活中，男生应该保持发型整洁，可以用剃须刀剃掉胡须，至于其他部位的毛发，坦然面对即可，无须特别处理。

成长寄语

成长的第一个表现，就是接纳自己。只有正确面对自己身体的变化，才能更好地认识自己、接纳自己，才能更好地面对生活。

想一想

为什么头发和胡须长了要及时剃掉，而腋毛和阴毛却不建议剃掉呢？

第 6 课　包皮过长是怎么回事

❓ 航航的小困惑

航航每次上厕所时都会想起偶然在医院看到的割包皮的宣传画。航航很困惑，他虽然知道每个男性的阴茎上都有包皮，但是什么情况下才需要割包皮呢？自己的包皮是不是也需要割呢？如果自己需要割包皮，到底是怎样割呢？会不会很疼？这一系列的疑问时常困扰着航航，他十分担心自己要被割掉包皮，但是又无法证实。

我们来认识一下"包皮"吧！

包皮为男性外生殖器的组成部分，是位于"小鸡鸡"龟头处的皮肤。就像眼睑的作用是保护眼睛，包皮的作用是保护我们的"小鸡鸡"，它能让"小鸡鸡"头部保持湿润、柔软，同

第 2 章 奇妙的身体变化

时还可以让"小鸡鸡"保持一定温度，调节 pH 值平衡和清洁"小鸡鸡"头部。

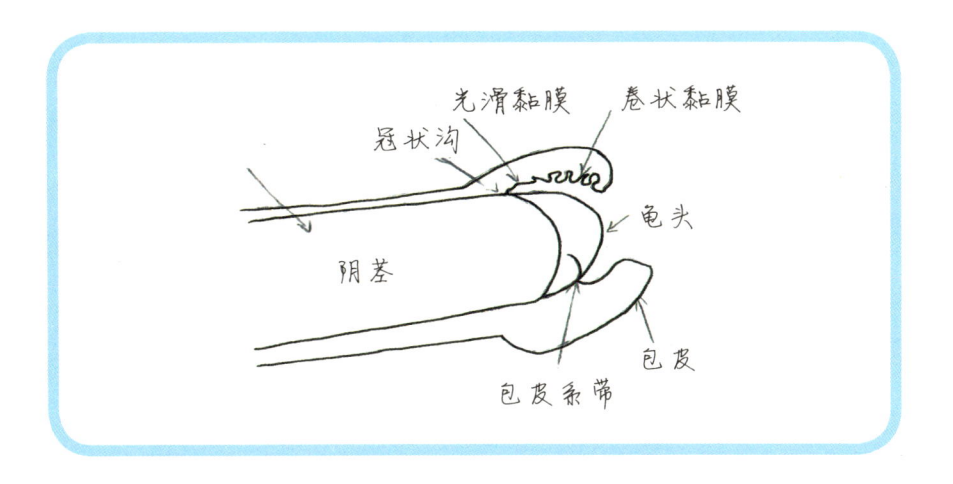

男性的包皮生长情况是不同的：有的男性包皮半包裹着龟头，"小鸡鸡"挺起时龟头能完全露出，属于正常包皮；有的男性包皮较长，包裹着整个龟头，使龟头不能外露，但当"小鸡鸡"挺起后龟头则可以外露，或用手回翻可露出龟头；还有的男性包皮完全包裹着龟头，当"小鸡鸡"挺起时或用手回翻都不能露出龟头，则称为包茎。下图为包皮的三种形态。

正常包皮　　　包皮过长　　　包茎

了解青春期的秘密 ▶ 我是男生

我的包皮需要割吗？

包皮过长会导致包皮内的细菌滋生。如果包皮发炎，不仅会使龟头红肿，还可能诱发阴茎癌。包皮过长就一定需要做手术割除吗？对此，男科专家表示，是否需要做手术，要看其对身体的影响情况。

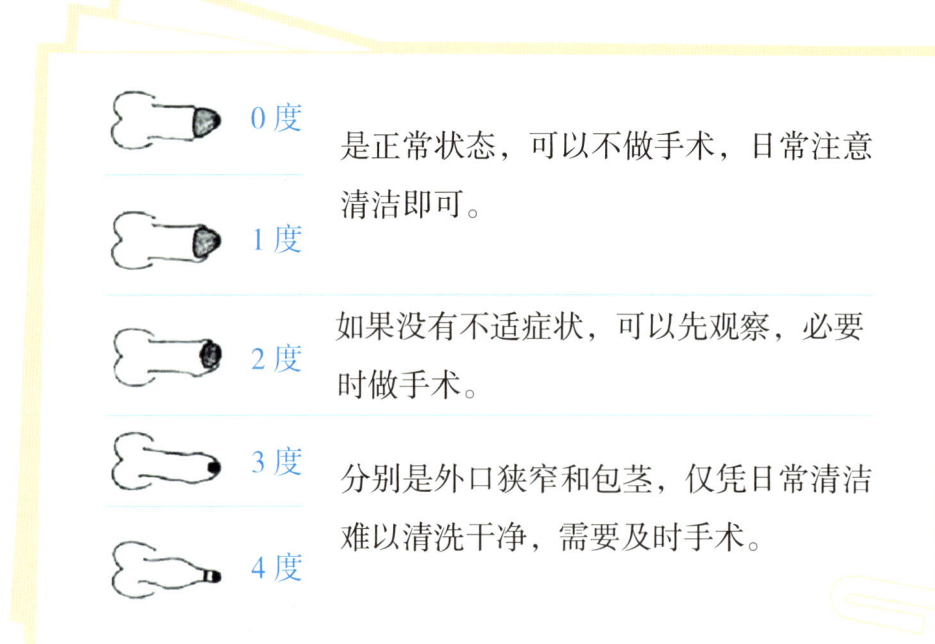

	0 度	是正常状态，可以不做手术，日常注意清洁即可。
	1 度	
	2 度	如果没有不适症状，可以先观察，必要时做手术。
	3 度	分别是外口狭窄和包茎，仅凭日常清洁难以清洗干净，需要及时手术。
	4 度	

第 2 章 奇妙的身体变化

成长寄语

当你的身体与别人不一样时，请不用害怕。就像世界上没有两片一模一样的叶子，你的身体也会和他人有区别，也正是因为这样，才有了独一无二的你。

做一做

包皮的形态有三种情况，分别是正常包皮、包皮过长和包茎。请查看一下你自己属于哪种情况。

第 7 课　我的秘密好友——遗精

？航航的小烦恼

又是新的一天，航航和往常一样早早地来到学校，但是他看上去心情不是很好。实实发现了航航的不对劲，就悄悄地去问航航。航航把情况和实实说了以后，实实大笑了起来："你流尿了。"看到自己的好朋友笑话自己，航航更没了精神，一整天都把头埋得很低，不敢抬头看人，上课也无精打采。

放学了，航航回到家，爸爸也发现了航航的不开心，就问航航："你怎么啦，航航？"航航把头埋得更低了，急忙躲进自己的房间。爸爸见状，也跟了进去。爸爸和航航聊了很多，航航的心情逐渐平复下来，向爸爸说："爸爸，我好像又'流尿'了。上次'流尿'我就没敢说，以为是晚上水喝多了，可是昨晚又流了。爸爸，我是不是生病了呀？"航航担心地问。

第 2 章 奇妙的身体变化

爸爸冷静地掀开被子进行查看,嘴角露出丝丝笑容,对航航说:"祝贺你,航航,你已经在向男子汉迈进了。"航航不解地问:"什么跟什么呀,连你也笑话我?"爸爸解释道:"你这不是'流尿',这是男孩子成熟的标志——'遗精',每个男孩子在青春期时都会出现遗精现象。"听了爸爸的解释,航航这才松了一口气。

什么是遗精?

遗精常见于青少年男性,一般是正常生理现象。就像航航这样,遗精通常发生在睡眠过程中,精液会不知不觉自动流出,黏糊糊的。

遗精后该怎么办?

1. 不必为此紧张害怕,要保持心情舒畅,积极参加体育锻炼,消耗体力。(建议多参加对抗性强的运动,比如篮球比赛、足球比赛……)

2. 要注意卫生,及时清洗"小鸡鸡",经常更换内裤或床单。

了解青春期的秘密 ▶ 我是男生

如何同爸爸妈妈聊这个事情?

小小男子汉们,首次遗精后,你们多半会感到非常尴尬,但你们要记住:遗精是正常的生理现象,不要羞于对父母启齿,一定要及时与父母沟通交流。

成长寄语

关爱"好朋友",和"好朋友"和谐相处。健康的你,勇敢地去探索这个美丽的世界吧!

第 8 课　我的私处护理

❓ 实实的小烦恼

夏天到了，爱运动的男孩子们每天都汗流浃背。实实也特别喜欢运动，尤其喜欢在夏天的阳光下迎着风奔跑，感觉自己像在赛场上飞驰的运动健儿，又像在大海里劈波斩浪的鱼儿。不过，最近他有了新的烦恼：运动过后，身上有股汗味，内裤里面也有了明显的气味，同学靠近他时都把鼻子捂住，说他脏兮兮的，让他非常难堪；而且他还觉得内裤里好像有小蚂蚁在叮咬一样，总是忍不住想去抓挠，上课也不是很专心。

星星老师发现了实实最近的异常，关切地问实实怎么了。实实怎么也说不出口，星星老师只好打电话告知了实实爸爸。回到家，爸爸询问实实上课走神的事，实实忍不住流下了委屈的眼泪，道出了实情。爸爸赶紧带实实去医院就诊。医生通过一系列检查、诊断，告诉实实："实实，别担心，没什么大问题，但你以后要注意自己的个人卫生，尤其是夏天要勤洗澡、勤换衣。"实实按照医生的方法去做了以后，很快就解决了难言之隐。

我的私处该如何清洁？

1. **水温**：最好选用温水，用手感觉水温不冷不热最佳。
2. **清洗顺序**：先洗"小鸡鸡"。把"小鸡鸡"抬起来，用拇指和食指轻轻捏住"小鸡鸡"的中段，再轻轻往后推，露出"小蘑菇"，用清水冲洗干净即可。其次洗阴囊。阴囊在"小鸡鸡"的下面，那儿的褶皱比较多，也容易藏污纳垢。最后洗小屁屁。

> 清洗"小蘑菇"的步骤：
> 步骤一：将包皮轻轻翻下来；
> 步骤二：用水冲洗；
> 步骤三：用打湿的纱布轻轻地擦拭；
> 步骤四：清洗后将包皮还原。

我的私处该如何保护？

对于喜爱运动和打闹的男孩子来说，"小鸡鸡"时常会面临遭受伤害的风险。当"小鸡鸡"可能被碰撞时，一定要尽可能闪躲；如若实在来不及躲闪，要用两手护着"小鸡鸡"，把伤害降至最低。

该如何给自己挑选内裤？

记住自己的内裤型号，如果有一天感到内裤很紧，可以和父母一起去超市选购宽松的棉质内裤。切记内裤不能过紧，压迫到"小鸡鸡"哟！

成长寄语

难言之隐人皆有之，不要害怕，不用害羞，大胆求助，及时就医。别忘记家人永远是我们坚强的后盾。

第 3 章

致青春期的我们

插画作者：吴一

第 9 课　我要做自信男孩

? 实实的小烦恼

实实最近有了烦恼：他个子偏矮，成绩也不够优异，并且被同学们取绰号了。他很生气，越想越难受，但又不知道该找谁倾诉他的委屈。他觉得自己很没用，不愿意同同学和老师沟通。

父母对他的学习情况也不了解，只希望他能够快速提高成绩。他感到压力很大，很烦恼。

我很胖吗？

星星老师：▶ 同学们，实实这类烦恼，你有过吗？

小·刚：老师，我现在的体重越来越重了，班级里的同学都在嘲笑我的体重，私下里给我取绰号，叫我"小胖子"。我都不想去学校了。老师，我想瘦下来，让同学们不再嘲笑我。

了解青春期的秘密 ▶ 我是男生

星星老师

小刚，老师理解你的感受。进入青春期后，我们的身高、体重都会加速增长。在这一时期，要特别注意饮食的营养均衡，不要挑食，合理摄入各类营养物质。尤其要拒绝碳酸饮料、奶茶这些含有高糖高热量的食物。糖类摄入过多，更容易发胖和长痘痘哟！同时，加强体育锻炼，也可让你的身体更快、更加健康地成长。而且，合理的运动还可以缓解心理上的压力。你可以选择慢跑、游泳、跳绳等运动，长期坚持下去，一定会收获一个强健的体魄。

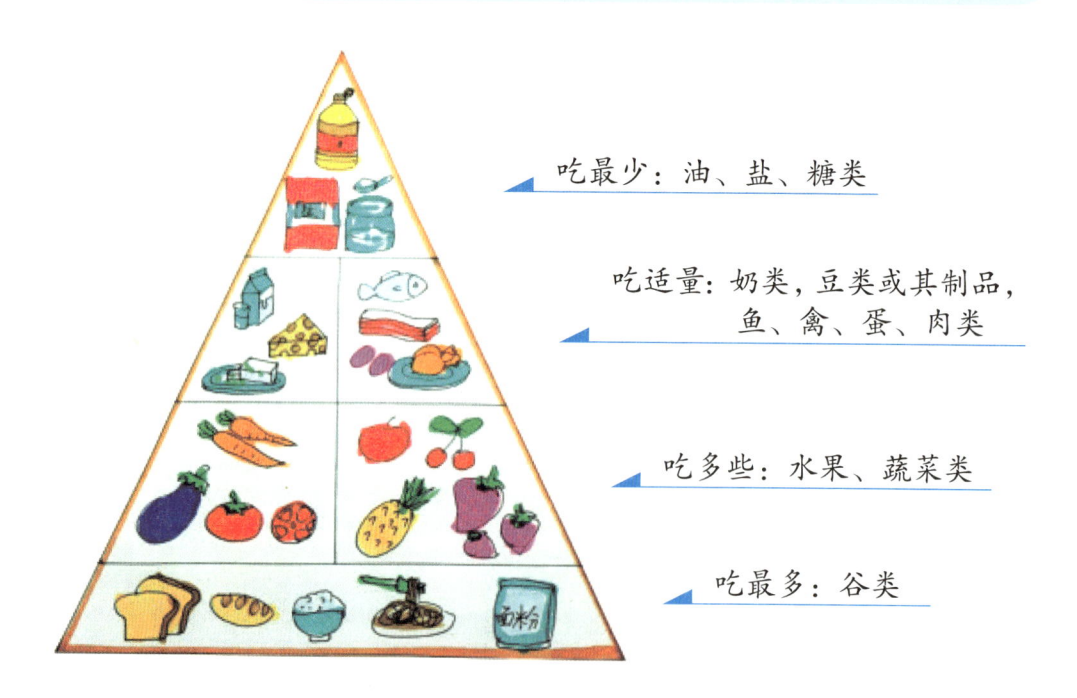

吃最少：油、盐、糖类

吃适量：奶类，豆类或其制品，鱼、禽、蛋、肉类

吃多些：水果、蔬菜类

吃最多：谷类

老师，我知道如何解决困扰了，明天我就开始运动，一定改掉不好的饮食习惯！

小刚

星星老师：小刚，预祝你成功。老师还想告诉你，健康的身体并不意味着一定要有多高，每个人生而不同，我们应该"各美其美，美美与共"。当我们拥有健康的身体后，我们就已经是最帅的啦！

我很笨吗？

星星老师：同学们，你们有自己擅长的事吗？

西西：我跑步特别厉害。

晓晓：我唱歌很动听。

实实：我画画还不错。

航航：我……好像没什么特别厉害的，我觉得自己特别笨。

星星老师：航航，没关系，每个人的长处不同，即使现在没发现也不要着急，只要对自己充满信心，不断努力，每天进步一点点，一定会成为更好的自己。"天生我材必有用"，我们要做自己的伯乐，发现自己的长处，发扬自己的优点，使之成为自己的优势。

了解青春期的秘密 ▶ 我是男生

成长寄语

世界上没有两片完全相同的树叶，每个人在世界上都是独一无二的。正所谓"美丽的外表千篇一律，有趣的灵魂万里挑一"，只要我们努力强健自己的体魄，丰富自己的内心世界，相信我们都可以"炫"出自己的色彩！

判一判

1. 我不喜欢吃胡萝卜，所以每次吃饭都把它挑出来。（　）
2. 他们叫同学绰号，我也跟着同学一起叫。（　）
3. 我觉得自己一无是处，什么都做不好。（　）
（上面的做法都不对，相信你一定判断正确！）

第 10 课　我要做阳光男孩

❓ 航航的小烦恼

航航是一个不喜欢运动的小男孩，每次和同学在一起时，总是喜欢谈论网络游戏、手机游戏。他从小就很少接触运动项目，内心对于运动也比较抵触，所以一直以来也没有运动类的兴趣爱好。他认为自己缺少运动天赋，找不到适合自己的运动项目。但是看到那些在操场上挥汗如雨、欢笑不断的同学们，他心里又生出一丝羡慕，难道自己就真的不适合运动吗？

运动有哪些好处呢？

星星老师：同学们，坚持运动的好处可多了，你们知道有哪些好处吗？

晓晓：在考试成绩不理想，或作业遇到难题时，适当的运动可以缓解我们的压力，让我们变得快乐！

了解青春期的秘密 ▶ 我是男生

实实：多运动还可以促进我们思考，促进大脑发育，有助于我们更好地面对困难！

西西：多运动可以让我们拥有强健的身体，抵御病毒的攻击！

我适合什么运动？

星星老师：同学们，运动有这么多好处，你适合什么运动呢？我们一起来看看吧！

常见运动类型及其益处如下：

有氧运动：也称耐力运动，如慢跑，游泳、骑自行车等，是一种身体大肌肉群参与的持续节律运动，运动中的能量来源主要由有氧代谢供给。有氧运动可有效地增强心肺耐力，减脂、控制体重。

抗阻力运动：也称力量运动，指的是利用自身重量或外界器械如哑铃、沙袋、弹力带等进行抗阻力运动形式。抗阻力运动可增强肌肉力量和重量，强壮骨骼，锻炼关节，有很好的瘦身效果。

柔韧性运动，又称伸展运动，包括太极拳、瑜伽等，可增加关节活动度，预防肌肉损伤，消除肌肉疲劳，提高运动效率，对保持身体功能及灵活性具有重要作用。

运动按组织形式可以分为团体运动和个人运动。团体运动有足球、手球和篮球等，它们有一个共同点，就是一个人没有办法玩，想要获得胜利就必须和队友密切配合。当大家齐心协力、相互鼓励、相互配合完成进球的时候，大家会为团队的成功欢呼喝彩。

了解青春期的秘密 ▶ 我是男生

> 如果你对个人的胜利非常渴望，那么羽毛球、网球、拳击、空手道、游泳这一类运动项目就非常适合你。相比于团体项目，这类针锋相对的运动项目就是对个人的考验，只有不断挑战自己，不断进步，才有可能在赛场获得胜利。
>
> 当然，我们要有胜负欲，也要有平常心，做到既能拥抱胜利，也能直面失败。

运动后应该怎样清洁？

星星老师：运动后，身体会大量出汗，容易产生异味，给自己和他人带来不好的感受。我们该怎么办呢？

实实：运动后我们需要清洁我们的身体。

星星老师：是的，在学校时可以携带湿巾，运动后进行清洁。在有体育课的那天，带一套干净衣物备用也很有必要。

（温馨提示：运动后不能马上用冷水冲洗哟！因为刚运动后，我们的毛孔还处于打开状态，如果遇冷水，污垢就不能随汗液排出，很容易引发皮肤问题。）

成长寄语

一起运动起来吧,让每天的健康、快乐和自信都多一点,做一个热爱运动、充满活力、积极乐观的阳光大男孩!

想一想

1. 运动时,你会如何选择衣物、鞋子呢?
2. 假如你想运动,你会选择哪项运动呢?为什么?
3. 运动完后,你会怎样清洁身体呢?

第 11 课　我要做有担当的男孩

❓ 实实的小烦恼

> 实实，你看起来闷闷不乐的样子，是遇到不开心的事了吗？我很乐意做你的听众。

谢谢星星老师的关心。是这样的，星期一上完体育课回来，我看见航航放体育器材的时候把教室里的花盆打碎了。我让他去跟老师认错，但他不愿意，还说他又不是故意的，打扫干净不就行了。他还怪我多管闲事，跟我吵了一架后就不理我了。星期三的时候，我们一起参加了"智能侦察机"的飞行比赛。我的飞机在试飞之后就快要没电了，航航明明带了充电宝，却不肯借给我用。最后，航航的飞行得了一百分，我的飞机因为没电了没有得到飞行分。我觉得很委屈，明明就是航航先做错事情又不愿意承担责任，还跟我吵架，甚至不愿意借充电宝给我用。我讨厌航航，再也不想理他了！

我要做个能承担责任的男子汉！

在成长的路上，我们难免会犯错，可是我们不能因为害怕被批评而去想办法推卸原本应该自己承担的责任。如果不小心犯了错，那就勇敢地面对，承担起应该承担的责任。比如，我们可以先为我们犯下的错误真诚地说声"对不起"，然后再尽力去弥补。敢于直面错误、不逃避责任的我们更加帅气！

其实承担责任不仅仅是承担我们犯错误之后的责任，在我们平时的生活中，还有很多是我们作为男子汉应该承担的责任，比如做一个热爱祖国、热爱集体、善良、正直、诚实、宽容、守时、讲文明懂礼貌的好少年等。

我要做个能直面挫折的勇士！

面对挫折和失败，我们难免会难过和沮丧，但我们要尽最大努力减少负面情绪对我们的影响。在遇到挫折之后，我们应该及时反省自身，弄清楚自己的弱点与不足，然后积极乐观应对，也可以找朋友、老师或家长倾诉，寻找解决办法。其实挫折并不可怕，直面挫折、战胜挫折之后的我们会变得更加强大。

面对成功与成就，我们难免会开心激动，但我们不能一直沉浸在成功的喜悦之中"飘飘然"。正所谓"胜不骄,败不馁"，获得成功后我们也应该总结经验，然后制定下一个目标并努力去实现，一步一步地成为更优秀的自己。

了解青春期的秘密 ▶ 我是男生

其实不管是成功还是失败，顺境还是逆境，都是我们在人生道路上难以避免的，我们都应该直面它们。只要我们成功时不得意忘形，失败时不气馁放弃，那我们必定能在顺境中乘风波浪、更上一层楼，在逆境中逆风翻盘、扭转乾坤。

成长寄语

不一定非要做大事才叫有担当。对于日常生活中的小事，如果我们也能尽我所能去完成，也是有担当的表现。

做一做

1. 我能主动承认自己犯的错误，并真诚道歉、积极弥补。
2. 看到别的同学犯错，我能善意地提醒。

第12课　我要管理好自己的情绪

❓ 男生的小烦恼

我感觉自己越来越暴躁了。

当我半天做不出来题，或者有同学议论我的时候，又或者我体育课打球输了的时候，都会非常烦躁、难过。我以前觉得这些事都是小事，但是现在却经常为这些小事生气、难过、烦躁。我是不是生病了啊？

其实，我也觉得自己越来越敏感了。有时候同学们边讲话边从我身边路过，我就会怀疑他们是不是在议论我。还有些时候同学们在一起聊天，他们哄堂大笑时，我也会想他们是不是在嘲笑我。下课了，同学们都出去玩却不叫我，我更加会觉得自己被冷落了。我也不知道自己这是怎么了，变得这么敏感。我不喜欢这样的自己。

我生病了吗？

1. 青春期的男孩在平时的生活或学习中，无论做什么事都会带有强烈的感情色彩。

2. 有神经成像研究表明，青少年无论在面临什么情绪时，其杏仁核、腹侧纹状体等皮层下边缘系统的活动相较于成人都更加强烈，这也使得青春期男孩的情绪变化会比成人更加剧烈，常常会表现出情绪起伏不定、躁动的状态。这些都是正常的表现。

3. 情绪一般分为积极情绪和消极情绪，不存在好坏之分。但是由情绪引发的行为以及由行为引起的后果却是存在好坏之分的。因此，我们应该学会管理好自己的情绪。

如何才能管理好自己的情绪？

我们首先要了解自己的情绪：是高兴还是担忧，是悲伤还是愤怒，又或者是其他的情绪。无论是什么情绪，我们都应该接受它，不要压抑。在了解自己的情绪之后，我们就要选择合适的方式来表达自己的情绪。当控制不住自己情绪的时候，可以尝试以下方法：

1. 停止现在正在做的事，让自己休息一下。

2. 离开让你情绪失控的情境，让自己平静下来。

3. 学会用合适的方式缓解自己的情绪，比如听音乐、运动、散步、找好朋友聊天或者做其他事情转移注意力等。此外，积极的心理暗示也很有帮助。

4. 最后，思考为什么我们会出现情绪失控的情况，以及以后应该怎么做才不会重蹈覆辙。

成长寄语

我们要做情绪的主人，而不是让情绪来控制我们。短暂放松自己的身心、转移注意力和积极的心理暗示都能有效帮助我们控制情绪哦！

想一想

今天我有没有遇到情绪失控的状况？我当时是怎么做的？有没有更好的解决办法？以后再遇到类似的事情，我应该怎么办？

第13课 我和我的女同学

男生的小烦恼

实实，我跟你说一个秘密，你要替我保密哦。我周末去爷爷家，在车上遇到我们班的西西，她和我聊了一会儿天。不知怎么回事，我说话的时候都不敢看她的脸，心也像小鹿乱撞一样扑通扑通跳个不停，就好像做了亏心事一样，紧张得不得了。

唉，我也正烦恼着呢。你还记不记得咱们隔壁班那个总是扎两个小辫子，脸肉嘟嘟的，一笑起来眼睛就弯成月牙的晓晓同学？她长得又可爱又漂亮，我每次看到她的时候也会不由自主地脸红，又开心又激动，话也说不清楚，你说，这是不是就是"喜欢"呀？

别的男生也会这样吗？

青春期的我们有接近异性的愿望是正常的、自然的、健康的。青春期的男生在雄性激素的作用下不仅产生了生理上的变化，还有来自内心深处的悸动，会关注某个喜欢的异性的一举一动。这是很正常的现象，也是父母、老师能够理解、值得骄傲的事情，说明你已经长大了，懂得去喜欢一个人了。但我们要清楚自己喜欢对方的哪一方面。是漂亮的外表，甜美的笑容，活泼的个性，还是善良的心灵？我们还要明白，这时的喜欢只是欣赏与好感，并不等于爱情。青春期的我们心智还不够成熟，对事物的认知也不够深刻，加之未来充满了不确定性，如果贸然将这种懵懂的好感当作爱情，我们将容易陷入困境。

如何正确地与女同学相处？

我们应当正确地看待这种对异性的好感，接受它，不为此感到羞愧，明白它是健康的、正常的。我们还可以将它转化为健康的、可持续发展的友情。我们还要学会尊重女同学，切记：不能让女同学感觉到不舒服。所以，和女同学相处时，我们要做到和平友善、文明礼貌。不要随便问女孩子敏感的问题，也不要在女孩子背后指指点点。当我们点明对方错误

了解青春期的秘密 ▶ 我是男生

或发表自己见解时要学会委婉一点；言语举止更是不能轻佻，不能和女孩子动手动脚。当收到女孩子的来信时，不交给老师，也不要拿给其他男生看，更不可公开信件内容，可以把信放在一个地方珍藏，作为一份美好的回忆。和女生相处更要注意时间、场合和方式，不单独送女生礼物或信件，免得引起不必要的误会。我们还要互帮互助，相互学习。男女同学各有优势，如果能够一起学习，相互启发，就一定能够共同进步。此外正确和女同学相处，还能发现对方的优点和自己的缺点，取长补短，塑造自己良好的品格。

第 3 章 致青春期的我们

成长寄语

青春期是一段美妙的旅程，其美妙在于自强不息的奋斗，在于真挚的友谊，我们一定要撑好友谊的小船！

想一想

你有没有遇到过和航航、实实一样的烦恼？当你遇到类似的烦恼时，你知道该怎么做了吗？

51

第14课 我和我的父母

❓ 男生的小烦恼

我越来越不喜欢我妈妈了。我觉得我妈妈越来越唠叨了，尤其是这次半期考试我考砸了之后，她每天仿佛只关心我的学习，除了学习还是学习，都不怎么让我玩了，我烦死了。昨天，我和她大吵了一架，现在我都不知道怎样和妈妈相处了……

确实呢，爸爸妈妈们都变得越来越难相处了。我和晓晓约好周末去看电影，我妈妈不放心，非要跟我们一起去。我当然强烈反对啦，可是根本没用，她还是跟到了电影院门口。这让我觉得很不自在，像被监视一样。我好烦，我多想他们多给我一点自由啊！

为什么父母变得难相处了？

青春期的我们，自主意识更强，内心更敏感，对父母的依赖变弱，而父母很可能还没有适应过来，仍然以之前的方式对待我们。这时我们会觉得父母不理解我们，要求太多，唠叨，烦人，渴望脱离父母的管束。这样，矛盾就产生了。

我该怎样和父母相处呢？

你可以大胆地和父母说：你们不应该以这样的方式爱我。如果你不说，父母也许永远都不知道他们爱你的方式是你不喜欢的。你应该主动、大胆地告诉他们你真实的感受和你喜欢的沟通方式。每个人都是独立的个体。父母虽然和孩子朝夕相处，但并不意味着能够洞察孩子的一切内心活动，了解孩子的一切烦恼忧愁。因此，遇到问题不要沉默不语，要主动与父母沟通交流，相信父母一定会放下手中所有事情，认真倾听，并努力给予你最好的指引。当遇到一些难以启齿的小秘密时，不妨跟爸爸说说。

当然，我们也应该对父母多一些包容。父母也是普通人，难免会遇到无法控制心中愤怒情绪的时候。面对父母的"不理智"，可千万不要和他们"硬碰硬"，先控制好自己的冲动情绪，和父母一起冷静下来再处理问题，避免矛盾升级。

成长寄语

我们的出生、成长，都离不开父母的陪伴和付出，我们也要多理解父母，感恩父母！

做一做

1. 和父母商量：从今天开始，每周召开一次家庭会议。
2. 从今天开始，每天帮父母做一样家务。
3. 从今天开始，每天都主动和父母聊一聊当天的学习和生活，关心一下父母当天的心情和感受。

第15课 我会正确使用网络资源

❓ 实实的小烦恼

最近，实实发现他的好朋友航航心不在焉，连最喜欢的篮球运动也不参加了。实实有点担心，便跑去询问航航怎么了。航航神神秘秘地说："今天下午来我家做作业，我告诉你。"到了下午，航航把实实带进自己的小房间，打开电脑，说要给实实看一些"刺激的东西"。

当实实看到电脑上播放的淫秽画面时，立马严肃地对航航说："快关掉，这些东西会影响我们的健康成长。"航航看到实实这样，觉得他太老套了，妥协道："好吧，那我们来玩会儿游戏吧。"实实说："不行，我们先把作业做完再玩吧。"

航航看到实实这么坚决，也只好和实实一起做作业去了。做完作业，实实在和航航玩游戏时才说："我知道你是想分享好东西给我，但是网络上有许多陷阱，如果我们不能正确分辨的话，很容易迷失自己的。"

网络的利与弊

随着时代的发展，我们的网络世界越来越丰富多彩，我们小学生可以借助网络查资料、学习新知识等。网络给我们提供了很多便利，但是伴随着便利而来的，也有不好的事物，例如：淫秽信息、暴力视频、直播打赏、游戏成瘾……

青春期是我们身体和心灵成长的关键时期，如果我们不小心被这些不良信息迷惑，就很容易沉迷其中，不能自拔，进而会影响我们的生活和学习，让我们整日精神萎靡、无心学习，更甚者会危害我们的心理健康。

我该如何使用网络？

适度的游戏是可以缓解我们的疲劳,有益我们身心健康的。但是过度沉迷游戏,为了玩游戏而不顾自己的身体健康,也不顾自己的学习,甚至忽略自己的家人,那就是得不偿失的。我们现在的主要任务是学习和长身体,千万不要因为游戏而荒废了自己的学业,伤害了自己的身体。

如果发现自己已经沉迷于游戏中,千万不要不好意思开口,一定要请自己的父母或者老师帮助自己,因为他们都希望你健康快乐地成长,他们也一定会尽全力帮助你。

做一做

与家人约定:

1. 在完成学习任务的情况下可以适度上网。

2. 每看半小时手机,就要放下手机远眺,保护视力。

第16课 面对霸凌，我会勇敢说"不"

❓ 实实的见义勇为

最近，实实和航航在放学后一起回家的路上，看见几个身材高大的同学围着低年级的同学要钱。航航很气愤，想要立马去阻止，但实实拉住了他，说："我们两个打不过他们的，我们去找老师帮忙吧！"第二天，航航和实实把这件事告诉了老师，老师立马处理了这件事情，并表扬了他们的做法。

我们是堂堂男子汉！

作为青春期的男生，我们的身体会在这一段时间快速成长，变得身材高大。但是我们高大的身材并不是用来欺负弱小的同学的，而是用来保护自己免受欺负的。每个人都是平等的，我们只有尊重别人，才能赢来别人的尊重。

如何处理霸凌？

如果我们看到或者遇到了霸凌事件，应该如何做呢？

1. 在看见或者遭遇霸凌的第一时间告诉家长或者老师，向他们寻求帮助。如果选择无视或者忍让，只会助长霸凌者的气焰。

2. 不要盲目反抗，一般来说霸凌者都会有两人以上，如果立马反抗可能遭到更严重的暴力。先保护自己重要部位的安全，再伺机逃跑，确认安全后向值得信任的大人求助。

3. 尽量不去容易产生霸凌的地方，尽量和同学或者朋友结伴上下学、上厕所，不让自己落单。

4. 遇到霸凌，一定要向值得信任的大人求助，让大人来帮助我们。一味忍让只会让霸凌者变本加厉，我们受到的伤害也会越来越大。让霸凌者受到惩罚，认识到错误，才能真正结束霸凌。

做一做

如果我的同学遇到霸凌事件，我该怎么帮助他呢？（　　）

A. 和他一起找到霸凌者，以牙还牙，报复回去。

B. 先保护好自己，确认安全后，向大人求助。

第 4 章

致成长中的自己

插画作者：孙煜欣

第17课 我们从哪里来

❓ 男生的小疑惑

周一一大早，航航发现实实的脸上洋溢着喜悦。"快告诉我，有什么好事情？"下了课，航航迫不及待地问实实。实实做出很神秘的样子，吊足了航航的胃口，这才说："我姐姐昨天在医院生孩子了，我当舅舅了！""哇，太好了，上次见你姐姐她还大着肚子，走在路上很累的样子。对了，是谁把小孩子放到她肚子里的呢？"航航有些不解。"我也说不清楚，不过我记得一年级时学过的《生命·生态·安全》课本里面好像讲过，"航航摸摸后脑勺，"我们再去看看吧。"两人找出了一年级的《生命·生态·安全》课本，里面果然讲过：每个人的生命都是爸爸妈妈给的，是爸爸妈妈爱情的结晶。爸爸提供精子，妈妈提供卵子。爸爸的一个最强壮的精子和妈妈的卵子结合成为受精卵，在妈妈的子宫里居住，生长40周左右。最终，妈妈忍着巨大的疼痛分娩，生下了我们。

原来是这样，看到这里，航航和实实好像明白了。"妈妈真伟大啊！"两人忍不住发出感叹！

了解青春期的秘密 ▶ 我是男生

生命是怎样诞生的呢?

成熟健康的女性每个月都会有一次排卵期,排卵期在下次月经来潮前 14 天左右。在此期间,女性的卵巢排出卵子,卵子在输卵管内等待与精子相遇。如果卵子和精子结合成受精卵,在子宫着床发育,女性就怀孕了。胎宝宝要在妈妈的子宫里生长 280 天左右,最终通过妈妈的产道娩出,来和亲人们见面,开始一段新旅程。

生育是必须的吗?

生命是联络感情的重要纽带。人是要长大的,长大后,不仅希望能遇见与自己共同成长、共担风雨、共度一生的那个人,而且希望与那个人有自己的宝宝,这是非常正常的生理与心理需求。

第 4 章 致成长中的自己

成长寄语

生命是宇宙中伟大的偶然，让我们珍惜生命，爱护生命，延续生命！

做一做

1. 选择一个合适的时机，跟随父母上一天班，体验父母工作的辛苦和劳动的光荣。

2. 在假期里当一天家，为家人准备一日三餐，体验父母的辛劳与奉献，以实际行动感恩父母。

第18课　我知道结婚生子是严肃的事情

? 航航的小疑惑

航航是个善于思考的男孩，这天回到家后，他又有了新的疑惑：孩子是妈妈生的，爸爸提供精子，那爸爸是怎么提供精子，让它和妈妈的卵子结合的呢？航航很好奇，决定去问问爸爸。爸爸想了好一会儿，才严肃地对航航说："已经来了月经的女性，每个月都会有一次排卵的过程，如果在排卵期和男性发生了性行为，就有可能怀孕。而男性进入青春期后会遗精，也就具备生育能力了。"爸爸想了想又说道："具备生育能力是一回事，但是生孩子绝对不是随便、简单的事。就像爸爸妈妈，我们认识了解后开始恋爱，相处了很长时间，经过慎重的考虑后决定结婚。结婚后我们共同经营小家庭，创造好的条件，我们做了健康检查，调理了身体，改掉了一些不良的生活习惯，最终生下了健康聪明的你，

第 4 章 致成长中的自己

> 并精心养育你，给你一个温暖的家。而你现在的任务是认真学习，好好长身体，很多事情只有长大后才能去做。"航航点点头说："爸爸，我明白了，生孩子是特别严肃的事情，只有当有能力对自己的人生负责，对别人的人生负责时，才能结婚生子。"

结婚生子到底是怎么回事？

生活中，我们经常去参加婚礼。结婚，是男女双方在自愿平等的基础上，取得法律、伦理、医学、政治等层面的认可，双方共同生产生活并组成家庭的社会现象。我国的法定结婚年龄是男性不早于22周岁，女性不早于20周岁。婚姻不同于爱情，前者只需要两颗悸动的相互吸引的心，而后者则意味着更多的责任和义务。恋爱中的两个人一旦决定结婚了，就意味着他们的爱情得到升华和肯定了，要去民政部门办理结婚登记并领取结婚证。从此以后，两人要担负起小家庭的责任，小两口要互敬互爱、努力工作、生孩育子、孝敬父母长辈。

结婚后做好生理和心理准备就可以生育孩子了。专家们通过长时间的研究得出的结论是：女性较佳的生育年龄是

25～30岁。在这个年龄阶段，女性的生育能力较强，生出的胎儿质量较高，出现难产的概率比较小，女性自身身体机能的恢复也是较快较好的。如果产妇年龄太小，容易出现妊娠高血压综合征、早产等，也可能因为骨盆发育不完全而导致难产。而产妇年龄过大，卵细胞发生畸变的可能性增加，胎儿畸形的发生率也增加。所以，为了有个健康的宝宝，也为了使女性生育的风险更低，男性要和妻子商量好，在合适的年龄孕育孩子。

女性生孩子很疼，我能做什么？

生育孩子对一个家庭来说是一件意义非凡的事，爸爸妈妈的血脉、基因得到了延续。孩子是一个家庭最为鲜活的代表，有了孩子才能真正体会到自己的来源和父母对我们的付出。生育虽然辛苦，但是孩子也给爸爸妈妈带来了巨大的幸福感和成就感。如果夫妻双方已商量好准备孕育下一代，最好先去正规医院做孕前体检，做到优生优育。我们男生以后在女性备孕、怀孕、生产、坐月子期间的角色尤其重要。女性从怀孕开始，体内的各项激素分泌开始发生变化，心情、情绪往往会产生极大的波动，容易沮丧、抑郁。在这一阶段，我们不仅要在生理上照顾好女性，更要在心理上多加抚慰，最好的方法就是陪伴在她左右，让她体会到满满的安全感，让她感受到丈夫的爱！

成长寄语

梁实秋爷爷曾说过:"以爱情为基础的婚姻,乃是人间无可比拟的幸福。"祝愿每个男生都能努力让自己变得更好,在合适的时间遇见生命里那个合适的人,拥有幸福的人生。

判一判

1. 长大后,我可以随便找个对象结婚。( )
2. 长大后,我可以随意选个时间生孩子。( )

(上面的做法都不对,相信你一定判断正确了!请记住:结婚生子都是必须认真对待的人生大事,不能随便哦!)

了解青春期的秘密 ▶ 我是男生

做一做

你父母的结婚纪念日是哪一天？用心为他们策划一次难忘的结婚纪念日活动。

第19课 我要抵制诱惑

❓ 航航的决心

一天放学时，航航路过校外小卖部，看到很多学生里三层外三层地围在一起。航航有点好奇，挤进去发现原来很多同学在参加"抽奖"游戏。所谓"抽奖"游戏，就是花一到两元钱抽一次卡片，卡片上会注明有什么奖品或者现金奖励。看到一个同学抽到了十元大奖，航航很心动，也试了一次。他花了两元就中了五元，可开心了，心想：要是我每天都能这样赚几块钱，那我的零花钱不是用都用不完了吗？要是我再多投入几块钱，是不是可以赚更多的钱？第二天，航航带了十元钱，却只抽到了几个没有用的小玩具。航航觉得今天运气不好，决定下次再来，一定要把亏的钱全部都赚回来……就这样，航航每天放学后都去抽奖，很快，航航所有的零花钱都没了，甚至悄悄地拿了父母的钱……

有一天课间，一位同学和航航吵起来了，老师一问，才知道原来航航借了这位同学的钱去抽奖，但一直都没有还钱。航航沉迷抽奖，不仅花光了零花钱，影响了学习，还用各种不正确的方式去获取金钱，走上"歪路"。

航航在老师和家长的教育下，知道了这是一种类似赌博的行为，是无良商家赚钱的手段。航航认识到了自己的错误，暗下决心，以后一定要远离这些陷阱，绝不重蹈覆辙。

是馅饼还是陷阱？

让航航沉迷的这种抽奖游戏，其实是一种消费陷阱。

消费陷阱是指商家在销售商品时利用消费者贪图便宜的心理，通过一些不当手段向消费者出售或变相出售消费者并不需要的商品。航航遇到的这种抽奖游戏，就是一种消费陷阱。

生活中的诱惑有很多，消费陷阱就是其中之一，小学生很容易掉入这种穿着"馅饼"外衣的陷阱。一旦掉入这样的陷阱，不仅会浪费大量的时间和金钱，还会影响学习成绩，危害身心健康。

如何抵制诱惑？

我们在成长的道路上，会遇到形形色色的诱惑。在这个复杂的世界中，我们可能会被各种新鲜的事物吸引，也可能会掉入各种陷阱。我们要保持理性，冷静判断，抵制诱惑。

首先，要树立正确的价值观，理性面对诱惑。其次，要学会独立思考和判断，提高自制力。最后，我们要接受老师和家长适当的监督和帮助，不要带有抵触情绪。

相信你一定能抵制诱惑，做一个理性自制的孩子！

第4章 致成长中的自己

成长寄语

陈独秀在《敬告青年》中提出要做"六义"青年：自主的而非奴隶的，进步的而非保守的，进取的而非退隐的，世界的而非锁国的，实利的而非虚文的，科学的而非想象的。这是中国青年该有的样子。

判一判

1. 看到别人买了最新款的手机，我也要马上拥有。（　）

2. 一放假就敞开了玩手机。（　）

3. 网络上的热搜新闻，我一看就愤怒了，怎么可以这样对待留守儿童。（　）

（同学们，以上三个都是错的，你判断正确吗？）

第20课　我的父母怎么了

❓ 实实的困惑

时光如梭，转眼间，实实已经读大三了，最近放假在家。他发现，以前温柔恬静的妈妈最近好像变了个人似的，一句话不对就"炸毛"，总看不惯他和爸爸，动不动就对他们发脾气。他有时忍不住跟妈妈顶两句嘴，妈妈甚至会情绪失控，放声大哭。他还发现妈妈越来越爱出汗，经常脸红。更让人不解的是，从来都很和睦的父母开始经常吵架。"这还是我的父母吗？"实实觉得很困惑，他电话给小姨打求助："小姨，我妈妈和爸爸怎么了？他们生病了吗？"小姨听完实实的讲述，一下子就明白了："你父母可能是到更年期了。""更年期？""是的，实实，你去网上查查资料吧，要多关心、帮助父母哦！"挂了电话，实实马上上网查了很多关于更年期的资料，终于明白妈妈爸爸都到了需要特别关心和呵护的年龄了。

实实的爸爸妈妈到底怎么了？

男生们，别担心，实实的爸爸妈妈并没有生病，而是到了一个特定的时期——更年期。

什么是更年期？每位女性在渡过30年左右的生育期后，将于45～55岁左右慢慢进入绝经期，也就是俗称的更年期。这个时期的女性，随着身体的衰老，女性卵巢功能开始减退，最后衰竭。一旦卵巢分泌的雌激素减少，就会对身体各个器官造成不同程度的影响。首先，陪伴女性多年的月经将会出现周期延长、经量减少的情况，到最后绝经。其次，这一时期的女性还会不同程度地出现潮热、出汗、心慌心悸、头痛头晕、失眠乏力、骨质疏松等生理症状。再次，这一时期的女性还会出现烦躁易怒、焦虑不安、情绪抑郁、敏感多疑、脆弱易哭等精神与心理症状。

通常来讲，男性从30岁左右开始，生殖系统机能逐渐退化，雄性激素的分泌逐渐减少。当雄性激素下降到一定程度时，便会出现与女性更年期部分类似的症状。由于生理上的差异，男性更年期与女性不尽相同，其症状不如女性明显，出现症状的概率也比女性低。当然，每个人的更年期症状和程度都是不同的，有的人会很轻松地就度过了，有的人则会比较痛苦，这都是正常的。

关爱和帮助爸爸妈妈，我们可以怎么做？

男生们要知道，爸爸妈妈多年来养育孩子、照顾家庭、兼顾工作是非常辛苦和忙碌的。他们都把自己生活的重心放在了你身上，对自己关爱甚少。现在我们长大了，要多多关爱、陪伴他们。他们在更年期容易烦躁、焦虑，了解了他们的变化才能体谅他们。在他们发脾气、找茬时，我们不妨让着他们，顺着他们，哄哄他们，就像他们小时候哄我们一样。多陪他们到户外走走，做做运动，提醒他们多喝牛奶、豆浆，多吃谷类、坚果类食物。有需要的话，陪伴他们去医院寻求医生的帮助。当然，关爱爸爸妈妈，不仅是在更年期，随着我们的长大，我们还要用心帮助他们发展自己的兴趣爱好，丰富他们的生活，帮助他们缓解焦虑情绪，找到自己在生活中的乐趣。

成长寄语

特别的爱，给特别的父母！他们开导叛逆的我，我"宠溺"他们更年！关爱更年期的父母，不仅是对父母的拳拳之心、殷殷之情，也是关爱未来的自己！

> **做一做**

用心记住爸爸妈妈的生日,在他们生日那天送上一句真挚的祝福,精心准备一份礼物,让他们享受天伦之乐。

主要参考文献

［1］洛特，富尼埃，贝尔特梅，等.男生万岁[M].桂林：广西师范大学出版社，2011.

［2］张瑞萍，黄莉莉.青春期生理知识问答[M].北京：金盾出版社，2006.

［3］胡琳.父母送给青春期男孩的枕边书[M].北京：中国纺织出版社，2015.

［4］章程.送给青春期男孩的成长礼物[M].北京：化学工业出版社，2016.

［5］张丽霞.10～18岁青春叛逆期，父母引导男孩的沟通细节[M].北京：中国纺织出版社，2021.

［6］潘锦喜.小学高年级男生青春期心理疏导策略[J].科普童话：新课堂，2020（8）：2.

［7］学威.家有男儿初长成——解密青春期男生性心理[J].青春期健康，2010（11）：2.

［8］陈晶琦，叶广俊，孙艳秋，等.小六与初一男生青春期性教育研究［J］.中国健康教育，1996，12（9）：2.

［9］钟杰.性教育一定要赶在学生的青春前期.班主任之友：小学版，2021（10）：2.

［10］丁利民.为小学男孩女孩开设的性别教育课程[J].上海教育科研，2010（8）：5.

［11］李成梅.校园青春期教育及误区浅析[J].青海教育，2004（6）：1.

［12］骆新梅.青春期学生性教育的必要性[J].校园心理，2011，9（3）：1.

［13］奚晓华.小学五年级学生青春期性教育的实践研究——以上海市杨浦区××小学为例[D].上海：上海师范大学，2014.

［14］邓文慧.学校青春期教育的现状与思考[J].中国校医，2013（3）：2.

后记

　　你从阳光中奔跑而来，从稚嫩的孩童奔向蓬勃的青春。每次昂首阔步、每次高声呐喊、每次肆意欢笑，都是谦谦少年勃发的意气，都是青春时代永恒的珍宝。

　　这本书，是四川大学西航港实验小学的老师们送给你的青春礼物。书，你已经读完，书里的秘密你也已经知晓，不论你身体和心理是否已经发生变化，希望这本小书已经解答了你心中的一些困惑，成了你青春路上的知心朋友，相信你不再无助，能更好地认识生命、认识自己。在这美丽的年华里，所有星星点点的记忆，都凝成时光的问候：青葱少年，你好！老师愿陪着你开启属于男孩的青春，愿你有一个健康的体魄和一颗永远保持美好的心，愿你充满活力、阳光、自信，用勇气去开辟新的天地，用责任去书写属于你的故事。

　　校园里的每一个故事，都凝结成时光的记忆，等候你的归期。

西西的朋友圈

实实
航航
西西姐姐
晓晓
西西
兰兰老师

《了解青春期的秘密·我是女生》
编委会

主　　编：陈　静

副 主 编：杜雪寒　兰　利　商远米

委　　员：莫佳静　邱丽君　佘玉洁　唐春香　夏　萍
　　　　　余　洁　魏园璧　田　瑞

指导专家：陈　丽

插画指导：王东坡　彭　欢　周　敏

创意策划：夏　萍　唐　锐　林春梅

序一

成长需要学习

亲爱的小朋友，作为你们的大朋友，在这里，我想和你们说说成长的事。

人人都渴望成长，但你们知道成长意味着什么吗？

首先，成长意味着长大，这是每个人都能感觉到的。每个幼小的生命都在自然地长大，例如，个子长高了，体重增加了，心思变深了，想法增多了，烦恼增加了……

其次，成长意味着变化，这并非每个人都清楚。我们的身体产生变化，性征随之出现，思维亦随之变化，在此基础上，我们看世界的角度变了，与周围人的关系也变了……

再次，成长意味着力量，这种力量具有"向好或向坏"的两面性。每个人能做的事多了，自我意识更强了，"不听话"的时候更多了，情绪"失控"的情况更多了，脾气也变大了……

这样看来，我们长大的过程并非自然而然发生的，也并非一帆风顺，而是"有好有坏"。成长让我们的个体生命变得丰满、多样和立体了，这是好事；但若没有处理好成长中的问题，可能就会带来不好的结果。少年期的成长不仅影响一个人的一生，还与祖国的发展密切相关。"少年强则中国强""少壮不努力，老大徒伤悲""一失足成千古恨"，都在强调成长的重要性。因此，在成长过程中，我们必须要努力保证"向好"发展。

那么，怎么才能做到呢？在此，我想强调一点：学习。

成长是需要学习的，成长过程中，不仅需要学习书本知识，学习生活常识，了解外面的世界，更要回到自身，"眼睛向

内看"，感知自己的变化，学习关于生命的知识，理解与接受成长中发生的各种变化，助力生命向好的方面生长。为此，在成长过程中，我们要不断增长本领，学会控制不良情绪，不断提高是非分辨力，管理自己的生命能量，让生命向着真善美的方向成长，成为最好的自己。

首都师范大学初等教育学院院长
首都师范大学儿童与未来教育创新研究院院长
中国陶行知研究会生命教育专业委员会理事长

2023 年 7 月 16 日于北京西山艺境

序二

让青春不迷茫

青春，是人生最美好的年华，充满无限希望和憧憬。

青春，也是人生最迷茫的时期，充满未知和挑战。这一阶段生理和心理的急剧变化，让青春期的我们如同迷途的小鹿，徘徊在人生的十字路口。

亲爱的男生女生们，你们也许已经发现，青春期总有一些难以言说的莫名的烦恼。这些烦恼，有的来自身体的变化，有的来自和同学、朋友的交往，还有的来自父母和老师特别的"关爱"。青春期的你，一定想拥有一个了解你、接纳你、帮助你的大朋友。作为老师，我们同样经历过这些"成长的烦恼"，我们理解你们心中的不安与困惑，了解你们的无助与迷茫。因此，老师们化关爱为行动，将你们羞于启齿却又好奇的"青春期的秘密"写在了这本小书中，供你们阅读。无论你们的身体和心理是已经发生了变化，还是目前尚没有变化，你们都可以阅读、了解。等你们了解了这些变化，发现这些羞于启齿却又令人好奇的秘密其实是正常且美好的事情之后，你们就会觉得其实青春期也没有想象的那么可怕，甚至还会期待快快长大。

希望这本小书能成为你们成长路上的知心朋友，为你们排忧、解惑，帮助你们更好地认识自己、保护自己，懂得珍爱生命、敬畏生命，学会勇敢面对青春期的未知和挑战，成为内心充满阳光的男生女生！

亲爱的男生女生们，敞开心扉去迎接即将到来的青春期，用最好的状态去享受这花样的年华吧。

"让每一朵花开出自己的色彩"，让每一个生命绽放在美好的青春！

成都市教育科学研究院心理与艺体教育研究所所长

曹璇

2022年12月

序三

自己学着长大

亲爱的同学们：

　　进入小学高段的学习后，你们是否已感觉到"我长大了"？这种长大了的感觉，可能是看到自己近一两年身高的增长，也可能是发现自己身体的变化，抑或希望有"大人"的主动感。

　　长大是从蹒跚学步到展翅高飞，是从牙牙学语到出口成章，是从一张白纸到色彩斑斓。今天我们借由已陪伴了你们几年的"西西""航航""实实"和"晓晓"的成长故事，希望可以告诉你们：长大还是生理的发育和心理的发展，是成长的烦恼和收获新知的喜悦，是小小姑娘长成亭亭少女、小小男子汉长成精神小伙。希望他们的故事可以帮助你们认识成长中身体的变化，找到情绪的密码，捕捉情感的发展，学习交往的技巧……

　　长大，是一件值得骄傲的事情。当女孩用初潮叩开青春的大门，当男孩用初遗吹响成长的号角，不论你是男孩还是女孩，我们都希望你能在长大中习得新知，在成长中收获快乐。

　　时光不语，静待花开；逐梦之路，星光为伴。谁都不能代替你长大，所以，我们一起来学着长大吧！衷心地祝福每位同学都能成为更加自信、自律、优秀的自己。

成都市双流区教育科学研究院心理健康教育研究员

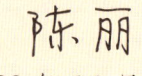

陈丽

2022 年 12 月

目 录

序 / 01

第1章

人生的花季
——青春期

第 1 课　我已悄然长大……………02
第 2 课　我变敏感了………………05

第2章

奇妙的身体

第 3 课　我要接纳自己………………09
第 4 课　我的胸部长大了……………13
第 5 课　我会挑选文胸了……………17
第 6 课　我长小毛毛了………………21
第 7 课　我的"好朋友"来了………24
第 8 课　我会用卫生巾啦……………28
第 9 课　我要赶走讨厌的痛经………32
第 10 课　我们要做好私处清洁……35

第3章
呵护我的青春

第11课	我要争做"清爽小女神"	39
第12课	我不做"小炸弹"	42
第13课	我的友谊小船我守护	46
第14课	我和我的男同学	50
第15课	我和我的父母	54
第16课	我要好好爱自己	57

第4章
致成长中的自己

第17课	我们从哪里来？	62
第18课	我知道结婚生子是严肃的事情	66
第19课	我的妈妈怎么了	70

后记 / 76

第 1 章

人生的花季——青春期

插画作者：邱怡婷

第 1 课　我已悄然长大

西西的小烦恼

> 大家好！我是西西，我还有三位好朋友，晓晓、航航和实实。我们的年纪跟你们一般大。作为女生，我最近能明显感受到自己身体的变化和情绪的波动，与航航和实实两位男生的相处也有了一些变化，因此，我感到有些烦恼与困惑。若是你们也跟我一样，千万不用紧张哦！因为我们长大了，进入青春期啦！

我们长大啦！

什么是青春期呢？青春期是指由儿童逐渐发育成为成年人的过渡时期。青春期是人体迅速生长发育的关键时期，也是继婴儿期后，人生第二个生长发育的高峰期，是决定人一生性格、体格和智力水平的关键时期。这个时期对我们每一位女生都非常重要。

第1章　人生的花季——青春期

根据世界卫生组织的相关定义，女性的青春期一般在10岁到19岁，青春期的最早征兆是卵巢的增大（不做超声检查难以发现），而常常以乳房出现发育为判断标志。当然，自然环境、家庭条件、遗传等因素可能会影响我们青春期的到来时间和进程。

随着青春期的到来，我们全身开始迅速发育，身体会快速长高，体重也会明显增加，我们的"好朋友"月经也会光临。第一次出现月经，我们把它叫作"初潮"，初潮是青春期开始的一个重要标志。

除出现月经以外，此时我们的音调可能变高，乳房会逐渐丰满而隆起，腋下会长出腋毛，外阴开始长出阴毛，阴道内分泌物开始增多，子宫发育变大，卵巢皮质中的卵泡开始有不同阶段的发育变化，体态也会发生明显的变化，身材曲线会越来越明显。

成长寄语

进入青春期的我们在身体和心理上都会有许多变化，我们不用紧张，也无须担心，只需坦然接受自己的变化，以良好的心态来迎接自己慢慢长大！

了解青春期的秘密 ▶ 我是女生

想一想

1. 你是否发现自己的乳房在慢慢长大呢？
2. 你是否发现有腋毛或阴毛开始长出来？
3. 你的"好朋友"月经是否已经来啦？

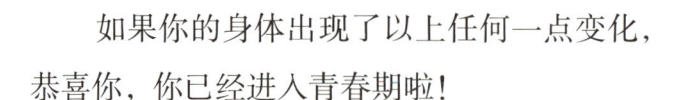

如果你的身体出现了以上任何一点变化，恭喜你，你已经进入青春期啦！

第 2 课　我变敏感了

西西的小烦恼

姐姐,我最近心情有些不好。

西西,怎么了?

胸部的发育让我感到特别不好意思,我都不敢挺胸抬头地走路了。而且我好像喜欢上了航航,老想朝他看,想跟他聊天又不好意思跟他讲话,我怎么了?

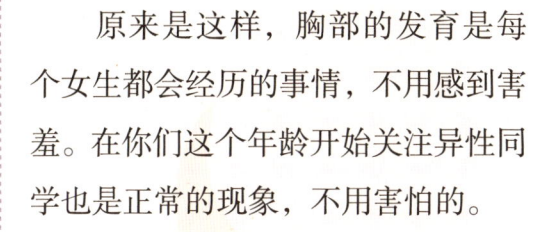

原来是这样,胸部的发育是每个女生都会经历的事情,不用感到害羞。在你们这个年龄开始关注异性同学也是正常的现象,不用害怕的。

05

西西的小烦恼，你也在正在经历吗？

这些都是青春期女生常见的心理变化。青春期身体的迅速变化，会让我们的心理也出现许多变化。初潮会让女生感到自己已经是成人了，逐渐隆起的乳房可能会使她们感到羞怯，她们一方面想把自己的变化隐藏起来，另一方面又会把自己的变化与别人相比较，并且开始讲究穿着打扮，渴望穿出个性。这一时期，女生的情绪会变得不稳定，甚至变得过于敏感。但这些情绪的出现都是正常的，不用过分紧张。

不仅如此，青春期的女生更愿意和朋友一起玩耍，而不是独自在家，与异性同学接触时心理也有了微妙的变化。女生可能会开始悄悄地关注异性，在聚会时议论异性。这些都是正常的现象。

成长寄语

青春期——人生中的花季，风和日丽，却也伴随着成长的烦恼。放轻松，正确认识这些关于生理或心理的变化即可。相信我们会愉快地度过这一阶段。

做一做

　　1. 情绪低落时，可以找好朋友或父母、老师倾诉哟！千万别一直闷在心里！

　　2. 关于身体的变化，有疑惑的时候也可以问问妈妈或女老师！

第 2 章

奇妙的身体

插画作者：王雅彤

第 3 课　我要接纳自己

西西的小烦恼

西西上幼儿园时是个胖嘟嘟的小家伙。随着年龄的增长，她的"婴儿肥"一直跟着她，让她成了别人口中的"小胖妞"。对于这个称呼，西西并没有感到苦恼。但最近一段时间，西西看到身边身材苗条的女生都穿着漂亮的裙子，她突然有点自卑了。对于"小胖妞"这个绰号，西西变得敏感起来。为了摆脱"小胖妞"称号，西西郑重地告诉妈妈她要减肥，并开始减少自己的饭量。妈妈心疼地告诉西西："傻孩子，人的健康是最重要的，况且你通过节食减肥是会伤害身体的。想减肥，妈妈支持你，但我们要通过科学的方式来减，比如适当的运动、健康的饮食等。妈妈并不觉得只有瘦才美，世界上有很多身材匀称，体格健美的女生，她们一样自信大方，美丽可爱啊。"

09

怎样拥有"好身材"？

进入青春期以后，我们的身体发育很快，身高、体重明显增长，因此这是一个特别需要补充营养的阶段。这个时候节食，就会使各种营养物质的摄入量减少，满足不了身体生长发育的需求，从而造成营养不良，影响发育，导致身体各项机能发育不全，抵抗力下降，感染各种疾病。而且，青春期女生本身正处在生殖内分泌系统发育时期，盲目地节食减肥，机体脂肪摄入量过少，会导致月经量少、痛经、经期紊乱甚至闭经等症状。

其实，不管是青春期女生还是成年女性，盲目节食减肥都是不可取的。要想有好身材还是有很多小妙招的：

1. 均衡饮食，吃好一日三餐。不挑食、不偏食，少吃零食。

2. 拒绝碳酸饮料、奶茶，多喝白开水。每天早晨起床后喝一杯温白开水帮助身体排毒。

3. 适度的运动不但可以缓解身心疲劳，还可以增强体质，塑造优美体态。我们可以选择慢跑、快走、游泳、跳绳等运动方式，长期坚持下去，收获一个健康美丽的好身材！

4. 不能运用不适合的减肥法。抽脂术、药物减肥、超负荷运动减肥等都不适合哟！特别是各种减肥药，服用后会有严重的副作用，如腹泻，肝功能、心脏功能和肾功能的损坏甚至衰竭，是绝对不能去触碰的。

各美其美，健康最美！

树木有高矮粗细，花朵有五颜六色，河流有湍急平缓，音律有高低起伏……不同的形状、不同的颜色、不同的声音，才构成了这生动的世界。同理，为什么女生一定要瘦才是漂亮的呢？有太多的广告在告诉女生，身材要好，皮肤要白，鼻子要挺，这是美女的判断标准。其实不然，这些都是外界强加给女生的"负担"。无论高矮胖瘦，只要我们身体是健康的，都是自然之美。我们要坦然地接纳自己，勇敢地自我欣赏。

我们对美的定义太狭隘了，除了身材，还有更多值得我们关注的地方。首先，要保持自己良好整洁的形象，穿着符合自己年龄的衣服。良好整洁的形象能够帮助我们在他人心中留下极好的第一印象。其次，要肯定自己的优点，发现自己身上的闪光点，由内而外地树立自信心。爱自己，才能让别人也爱我。最后，要丰富自己的课外生活，培养广泛的兴趣爱好。"腹有诗书气自华"，我们要培养一个有趣的灵魂。

成长寄语

美丽的外表固然吸引人，有趣的灵魂同样光彩夺目。青春易逝，容颜易老，美丽的心灵却永远也不会褪色。因此，请大家内外兼修，做最好的自己。

了解青春期的秘密 ▶ 我是女生

判一判

1. 为了减肥，我决定两天不吃饭。　　　（　）
2. 我只愿意和长得漂亮的同伴玩耍。　　（　）
（以上做法都不对，相信你一定判断正确吧！）

第 4 课　我的胸部长大了

❓ 女生的小烦恼

一天放学后，妈妈发现西西闷闷不乐的。"怎么了？宝贝。""我太讨厌上体育课了，更讨厌跑步！"西西气呼呼地说。"为什么呀？你不是最喜欢跑步吗？"妈妈感到很奇怪。西西红着脸，悄悄指着自己的胸部："跑步时这里会晃动，同学们都盯着看，而且跑起来有些胀痛，很不舒服。"妈妈恍然大悟："宝贝，你长大了，开始发育了。别担心，这是正常现象，是女性健康的表现。你提醒了妈妈，我该带你去买少女文胸了。穿上它，你就不会在运动时难受了。"妈妈找来软尺，为西西量了胸围，做好了记录，并带西西去内衣店选购了合适的文胸。

13

我们的胸部为什么会长大呢?

乳房,是我们女性重要的器官,不仅是女性美丽的象征,更是承担着哺育婴儿的重任。丰满的乳房是女性体型美中富有魅力的体现,是身体健康的标志之一。我们到了青春期,胸部就会开始发育。

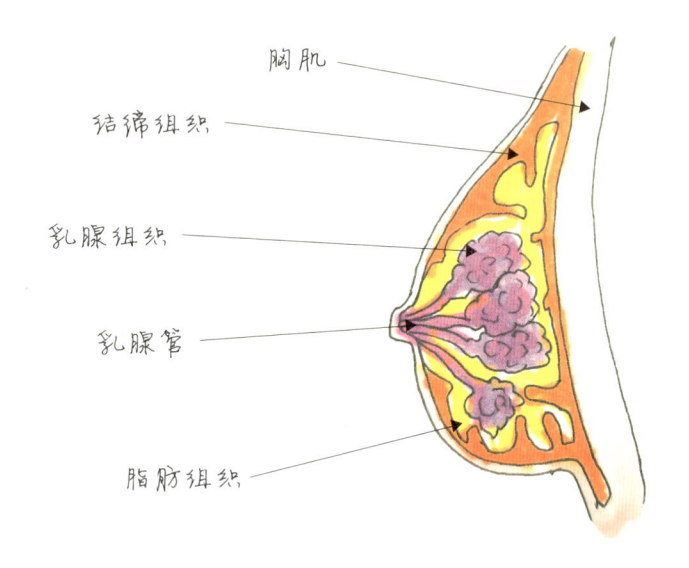

胸肌
结缔组织
乳腺组织
乳腺管
脂肪组织

我们的胸部发育分为五个阶段。

第一阶段(1～9岁):童年时,乳房是扁平的,胸部平坦,只有乳头突起。

第二阶段(9～11岁左右):乳房萌芽阶段。乳腺和脂肪组织形成一个纽扣大小的隆起,乳头开始变大,乳晕扩展形成乳晕肿。乳头和乳晕颜色加深。

第 2 章 奇妙的身体

第三阶段（11～13 岁左右）：乳房和乳晕开始发育。此时乳头及乳晕肿下乳腺管向外突出，乳房会比以前更圆。

第四阶段（13～15 岁左右）：乳头和乳晕从乳房上微微突出，胸部隆起已依稀可见，乳房逐渐呈半球状。

第五阶段（15～18 岁左右）：乳头、乳晕与乳房其他部位发育成完全成熟的乳房的形状。乳房丰满，乳头上出现小孔，便于以后排乳汁。

为什么我的胸部跟别人的不一样呢？

乳房的发育速度、发育大小、发育早晚因人而异。每个女生的左右胸的大小都不完全一样。如果对自己发育情况有疑惑，可以问问妈妈以及家中其他女性长辈。

有时候觉得胸痒，我老是想去抠一抠。

当乳房出现持续胀痛、乳头痛痒等现象时，千万不要随意挤弄乳房，抠剥乳头，以免造成破口，发生感染。要及时求助于妈妈或者家中其他女性长辈。为了避免以上情况的出现，在日常生活中要经常清洗乳房，特别是乳晕、乳头部位，有时会出现白色分泌物，要轻轻擦拭干净。

了解青春期的秘密 ▶ 我是女生

成长寄语

孩子们,面对身体的正常发育无须恐慌,也不要羞涩,积极健康地接纳自己的成长变化,挺起胸膛,自信发光!

做一做

时常用温水轻轻清洗胸部,保证胸部的清洁与卫生。

第 5 课　我会挑选文胸了

女生的小烦恼

过了几天，晓晓好奇地问好朋友西西："西西，你上周不是发誓说再也不跑步了吗？怎么今天又跑步了呀？"西西有些不好意思，悄悄告诉晓晓："我妈妈带我去买少女文胸了。""真时髦，我也要穿一件。"晓晓羡慕地说。"晓晓，我妈妈说了，那是文胸，可不是为了时髦穿的。女生穿戴文胸是为了保护胸部，避免受到伤害。女生在胸部发育初期就应穿戴适合自己的胸衣，这样既避免了尴尬，又有助于身体的健康成长。"晓晓一脸崇拜："你懂得可真不少。""对了，那天我们在内衣店时，导购阿姨细心地帮我量了尺寸，还告诉我们，青春期女生的胸部发育很快，尺寸会有变化的，穿起来不舒服就要换新的啦。""原来内衣的学问这么多呀！周末我也让妈妈带我去选。"

女生一定要戴文胸吗？

从医学角度来讲，在女性生理方面，文胸的作用十分重要。因为乳房内有一层很厚的脂肪层，这层脂肪层使乳房变得充实而有弹性，但它没有大束的肌肉，只有极少分散且细小的平滑肌细胞，所以乳房就很容易由先前的耸起变为下垂，一旦下垂，便再也不能恢复原状。

哪种类型的文胸适合我呢？

青春期的我们该如何选择适合的文胸呢？理想的文胸应该在人体活动时刚好能托起乳房，能尽量限制乳房的活动而不影响呼吸，取下后皮肤上不应留有压迫的痕迹。

乳房萌芽阶段（9～11岁左右）：选择棉质的小背心即可，不要束缚胸部。

乳房发育初级阶段（11～13岁左右）：选择专为少女设计的无钢圈纯棉文胸背心即可。

乳房发育中级阶段（13～15岁左右）：选择有杯型的棉质文胸帮助胸部健康成型，同时减少运动时乳房的震动。

乳房发育成熟阶段（15～18岁左右）：选择塑性效果更好的文胸。

第 2 章 奇妙的身体

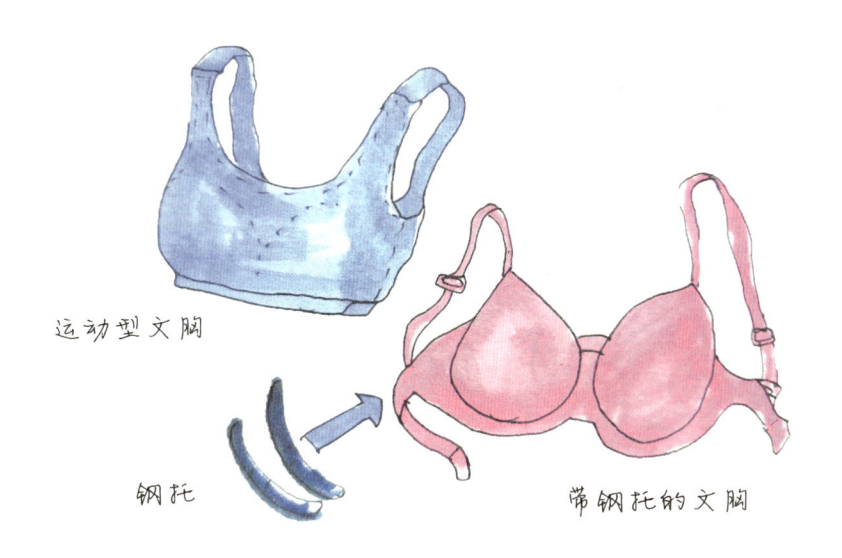

运动型文胸

钢托

带钢托的文胸

关于文胸的小"日常":

文胸是我们女生的亲密伙伴，要勤换勤洗，尽量用专用香皂手洗，在日光下晾晒。另外，晚上睡觉时，要把文胸取下来。发育期的我们，要随时关注自己胸部的发育变化，及时更换尺码更合适的文胸。让文胸呵护好我们娇嫩的乳房，让我们享有健康与美丽！

成长寄语

乳房，是美与爱的代名词。它是生命，它是力量。用你的一生去呵护，让美一直延续……

了解青春期的秘密 ▶ 我是女生

做一做

睡觉时,把文胸取下,可以让自己睡得更加舒适。

第6课　我长小毛毛了

❓ 晓晓的小烦恼

天气渐渐热了，晓晓感觉身上有些地方痒痒的。这天晚上，她在洗澡时，突然发现自己的腋窝下冒出了些许汗毛，再仔细一找，小腹以下两腿间的三角区也长了柔软的小毛毛。晓晓不由得一阵惶恐，大喊道："妈妈！我怎么了？"妈妈吓了一跳，过来一看，不由得笑了："乖女儿，别惊慌，跟你的乳房一样，这也是你生长发育的一部分，而且，它们会长得越来越浓密粗壮。""啊？可是，这些毛毛好丑啊！我们干干净净的身体为什么要长毛毛呢？"晓晓一脸嫌弃，"我才不想长呢，看起来一点也不好看！"

我们为什么要长小毛毛呢？

腋毛、阴毛等体毛的出现说明我们女生已经进入了青春期，这是我们身体成长的表现，是正常的现象。除此之外，小毛毛还有大作用呢！

腋毛的作用：一是防菌。对所生长的体表部分进行遮挡、保护，使腋窝部位不受外来细菌、灰尘等的侵袭。二是可以缓解摩擦。当手臂运动时，腋窝处牵拉着周围皮肤总有摩擦产生，腋毛可缓解皮肤摩擦，使腋窝皮肤不受擦伤。

阴毛能起到保护身体的作用，它能够减少衣物对该部位身体器官的摩擦，保持通风，能够吸收这些部位分泌出来的汗液和黏液，避免阴部过于潮湿，有利于身体健康。

通常情况下，我们大多数青春期女生的腋毛和阴毛会在10岁之后逐渐长出来。这些毛发刚开始时细软稀疏且颜色较浅，随着年龄增长会不断增多变粗，颜色也由浅变深。当然，我们每个人的身体状况是不同的，所以毛发的多少、粗细、颜色不同，都是正常的。

有些女生暂时还没有长腋毛和阴毛，这也是正常的。如果觉得自己与朋友们不太一样，一定要请教女老师或者妈妈，寻求她们的帮助，必要时还可以请父母带我们去医院做咨询或检查。

太害羞啦，我要怎么面对小毛毛？

我们刚出生时只是什么都不懂的小小婴儿，随着年龄的增长，我们的身体像花儿一样开放，变得更加美丽，小毛毛就像花瓣下的小刺，虽然不美观，但是可以保护我们。

小毛毛是我们长大的信号，是身体在告诉我们：我们长大啦！我们应该祝贺自己的成长，用积极乐观的心态正确面对，不自卑、不嫌弃，维护好它们的清洁卫生，让它们随时保持最佳状态。

成长寄语

成长的第一个标记，是接纳自己。只有全身心地接纳自己，才能逐渐抵达真我，才会获得爱与美好！

做一做

1. 坚持每天用清水清洗自己的私处，保持自己的清洁。

2. 贴身衣物的选择以棉质为主，以确保私处透气干爽。

第 7 课　我的"好朋友"来了

西西的小秘密

升入五年级后，西西敏锐地发现班上有些女生仿佛有了什么秘密，她们经常聚在一起小声交谈着，西西凑近一听："我今天'好朋友'来了。""谁？哪个好朋友？"西西一头雾水地问。"去，一边去，你还小，不懂。"婷婷挥挥手，让西西走开。过了年，西西满12岁了，一个星期五下午，她突然感觉小腹一阵酸痛坠胀，请假到卫生间一看，内裤上居然有一些黏稠的血液。西西不由得心惊胆战，赶紧跑去向兰兰老师求助："兰兰老师，快救救我，我屁股下面出了好多血，我会不会是得癌症了？"兰兰老师听着西西的哭诉，不由得一乐："傻姑娘，不怕，你没得病，你只是长大了，你来月经了。就是她们说的来'大姨妈'了。"回家后，西西把今天的事情告诉了妈妈，妈妈对西西表示了祝贺，还专门给西西讲了有关月经的知识并做了记录。

我们来好好认识一下月经吧！

你是不是也遇到过和西西一样的情况？若是，首先恭喜你，你来月经了。这是一个值得纪念和自豪的日子，标志着你进入青春期了。女性的内生殖器官由卵巢、子宫、输卵管、阴道构成。青春期的女生卵巢开始发育并每月排出成熟卵子，如果排出的卵子受精了，则由输卵管运送到子宫内发育，即为怀孕。如果卵子没有受精，排卵后14天左右，子宫内膜中的血管收缩，内膜坏死而脱落，引起出血，形成月经。月经又俗称为月事、月水、月信、例假、癸水等。

月经是很自然的周期性生理现象。女生第一次来月经就叫初潮。大部分女生月经初潮在 12～16 岁之间，遗传、饮食与身体健康等多方面因素可以使初潮提前或者延后到来。初潮后 6～12 个月，月经一般是不太规律的，因人而异，不用太过担心。月经，顾名思义，每个月都要来一次，每次持续 3～7 天，平

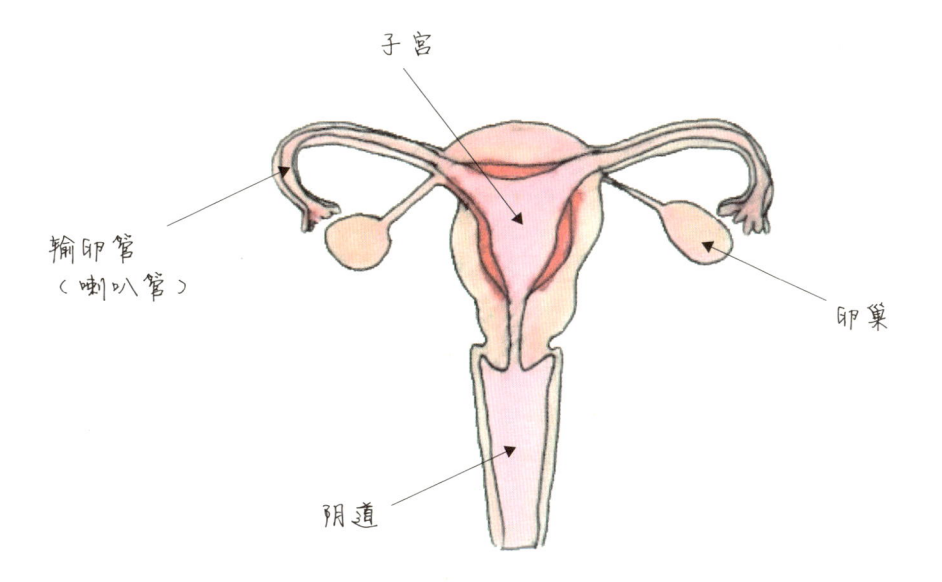

均是5天。通常把从月经来临的第一天起到下一次月经来临的前一天止称为一个月经周期。月经周期平均约为28天，一般在25～35天内均属正常。有时女生因为压力过大或者过于紧张，经期会提前或延后，前后7天之内就算正常。我们要记录好自己的初潮日期，还要做好月经周期的记录，以观察自己的月经是否正常。我们也可以自己利用小日历制作一个经期记录卡，或者运用经期管理App（应用程序）来记录经期。

和"好朋友"友好相处

女生们，如果你的"好朋友"月经还没来，不要着急，你的身体还在为此做准备；如果你已经来月经了，也别惊慌害怕，保持良好的心态和放松的心情，迎接每次"好朋友"的到来！

成长寄语

关爱"好朋友"，和"好朋友"和谐相处。健康的你，勇敢地去拥抱这个美丽的世界吧！

> **做一做**

1. 我第一次月经来潮是在几岁呢?(请回忆一下)

2. 我的月经周期是（　　）天,我上次来月经是（　　）月（　　）日,下次大约是（　　）月（　　）日。

第8课　我会用卫生巾啦

? 西西的收获

　　第二天是周末,妈妈叫来西西,语重心长地说道:"西西,你已经来月经了,月经要陪伴我们很多年,是我们的'好朋友',妈妈要教你去选购相关的卫生用品。"妈妈带着西西来到超市,先陪她去选购了新的棉质内裤,还专门买了2条防侧后漏的生理裤。然后,母女俩来到了卫生巾货架,看着琳琅满目、不同品牌不同品种的卫生巾,西西像发现了一个全新的世界。她看得眼花缭乱,妈妈看着西西手足无措的样子,忍不住笑了:"乖女儿,你仔细听妈妈讲。卫生巾一定要选正规大厂家生产的。而且卫生巾种类很多,女生适合用更透气健康的棉柔表层的卫生巾,日用卫生巾、夜用卫生巾、护垫我们都需要购买,以便搭配使用。平常用日用卫生巾,勤换;夜间用夜用卫生巾或安心裤;后面量少或只有分泌物时就用迷你巾或护垫。"买完卫生巾后,妈妈又带西西去买了宽松舒适的外裤。看着妈妈慈爱的脸,西西心里涌上一阵暖流,她情不自禁地抱住了妈妈:"谢谢您,妈妈,我爱您!"

我们每次月经流多少血？

《妇产科学》指出：一次月经正常的出血量在20～60毫升。一般来说以第2～3天为最多。如果每个月使用卫生巾2～3包（10片一包），血量就比较正常；如果每个月用3包以上卫生巾，而且每片都湿透透的，那就属于血量过多；如果每个月1包都用不完，那就明显血量过少啦。

你们知道吗？经期不同时间里经血的颜色也不同哦。经期第1天，量少，呈淡红色；第2～3天，量多，呈鲜红色；第4天，量少，呈暗红色；第5天，经期快结束了，呈褐色。经血一般不凝固，不会有明显大血块，但是会有一些小小的黏糊糊的血块，那是子宫内膜脱落的细胞，不用担心哦。经血还会有一股腥味儿，只要勤换卫生巾和内裤就好啦！

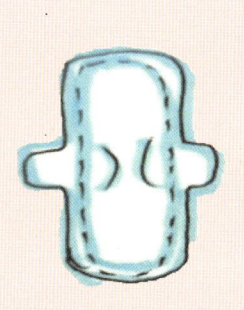

护垫（15cm）　日用卫生巾（24cm）　夜用卫生巾（28cm）

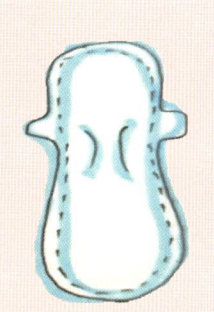

安心裤

我们要科学使用卫生巾哦！

那我们该如何使用卫生巾呢？如右图，撕开卫生巾上的保护纸，然后将卫生巾粘在内裤上。

我们要尽量在正规超市购买近期生产的大厂家大品牌卫生巾。夜间量多，可以选择裤型卫生巾（安心裤）；量少可选用迷你巾，方便携带；正常的量就选择正常的日用和夜用卫生巾；在最后快结束的时候，用护垫就行了，但是护垫可不能长期使用，更不能代替内裤，因为我们的外阴有自己的有益菌群，帮助对抗一些细菌，它们自己就能保持一个平衡，长期使用护垫会打破它们的平衡，反而对身体造成危害。卫生巾一般每3小时一换，如果量多或者天气炎热，则每2小时一换。及时更换卫生巾，对女生的经期卫生有很大的保证。另外，在更换卫生巾之前，还要注意清洁手部，避免沾染细菌。丢弃卫生巾时，要把有血的那一面向内卷起来粘好，然后再丢弃在垃圾桶里。卫生巾要放在干燥的地方。

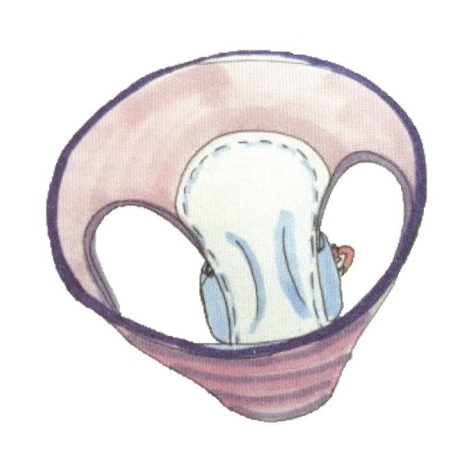

第 2 章 奇妙的身体

成长寄语

做阳光自信女生，爱护自己，善待自己，让自己的生活精彩纷呈。

做一做

周末和妈妈一起去超市认一认各种样式的卫生巾。

第 9 课　我要赶走讨厌的痛经

西西的收获

这天午间休息时，两个好朋友又聚在一起。"啊啊啊，肚子好痛啊！"这是西西可怜兮兮的声音。西西自从初潮后，三个月后才来了第二次月经。与初潮时不同，这次来月经让西西腹痛不已，而且从那之后每次月经西西都会有不同程度的痛经。晓晓连忙给西西倒了杯热水，安慰道："悄悄告诉你，我虽然不痛经，但我有时候来月经前胸部会胀痛，脸上长痘痘，心情也不好，老是想发脾气，哎，做女生真可怜！"就在两个好朋友哀叹不已时，兰兰老师走了过来，看到西西苍白的脸，连忙关心道："西西，你是不是来月经了？还很痛？"西西无力地点了点头。兰兰老师忙让晓晓把西西扶到办公室的沙发上休息，还在她的腹部贴了一张暖宝宝。慢慢地，西西觉得自己腹痛的症状缓解了。看到西西好起来了，晓晓揪着的心也放下了。

我们为什么会痛经？

像西西这样月经期间肚子痛、身体酸痛的现象就是痛经。有的时候，痛经甚至让人下不了床。有时候，小腹虽然不会很痛，但是腰部会特别酸痛。引起让人讨厌的痛经的原因很复杂，主要是子宫内膜前列腺素增多，导致子宫严重收缩，引起子宫局部缺氧，进而引发疼痛。有时，有些女生在经期前或经期内进行剧烈运动，也容易引起痛经。另外，女性的子宫很娇气，喜暖怕冷，如果女生贪凉，喜欢吃生冷食物或不注意保暖，导致子宫受寒，也会出现痛经。很多青春期女生都会出现痛经的症状，随着年龄增长，子宫会发育成熟，内分泌也会趋于稳定，痛经的现象会好转。当然，如果痛经的症状过于严重，影响了正常的学习和生活，应及时向医生求助。也有的女生月经来了一直都没什么感觉，但是突然某一次月经来了肚子就很痛，这样的情况一定要及时就医（记得挂妇科哦）。

怎么做可以减缓痛经？

1. 注意保暖，避免受凉。经期要多穿点衣服，尤其是天凉的时候，更要注意。不要接触冷水或淋雨。夏季晚上睡觉时也要盖好腹部。

2. 均衡饮食，切忌辛辣生冷。生冷寒凉的食物，如各种冷饮、西瓜、香蕉、梨等，会使肚子更疼。辛辣食物，如辣椒、葱、蒜、姜等，会加大出血量。

了解青春期的秘密 ▶ 我是女生

  3. 避免剧烈的体育运动。如果体育课有跳高、跳远、跑步等剧烈运动，应当跟老师说，自己正处于经期，能不能用舒缓的运动代替。大家可不要不好意思哦，老师都能理解的。当然，如果身体情况允许，还是可以参加适量的运动，比如：散步、体操、瑜伽、跟着音乐跳舞等。另外，经期是不能游泳的。

  4. 保证充足的睡眠，保持愉快的心情。

成长寄语

生命中所有的甜蜜和酸楚总是结伴而行，疼痛总是四处追逐着欢乐，疼痛让我们成长，让我们坚强！

判一判

1. 月经期间，我要和朋友去游泳。（ ）

2. 月经期间，狂吃火锅、冰淇淋，超级爽。（ ）

3. 月经期间心情烦躁，谁惹到我了我就和他大吵大闹。（ ）

4. 月经期间，为了漂亮依然穿短裙。（ ）

（上面的做法都不对，相信你一定判断正确！）

第10课 我们要做好私处清洁

晓晓的委屈

天气慢慢热起来，女生们都换上了漂亮的裙子。晓晓本来就爱美，特别喜欢过夏天，不过今年她却有了新的烦恼。"好朋友"造访时，晓晓感觉自己身上"好朋友"的气味特别明显，脏兮兮的，让她非常难堪。她还害怕卫生巾发生侧漏，于是穿上了一条比较厚的牛仔裤。可没过两天，她就感觉私处特别闷热，很不舒服，痒痒的，忍不住想去抓挠，上课都不专心了。兰兰老师发现了晓晓的异常，关切地问晓晓怎么了？晓晓怎么都说不出口，兰兰老师只好打电话告诉了晓晓妈妈。回到家，妈妈询问晓晓上课走神的事，晓晓忍不住委屈地哭出声来，道出了实情。妈妈赶紧带晓晓去就诊。幸好晓晓的情况不严重，医生开了一些药，又仔细教了晓晓一些经期卫生知识。晓晓涂了医生开的药后，很快就解决了难言之隐。

我们该如何保持私处清洁卫生呢？

首先，内裤要选浅色、透气性好、吸水性强的纯棉织品。建议选择最普通的款式，舒适合体或者稍微大一点就行。每天都要换洗内裤，内裤要和其他衣物分开洗，记得用专门的小盆子、专门的内衣裤洗衣皂清洗；如果内裤上不小心沾了血，用冷水比用热水洗得更干净。清洗干净的内裤，一定要晾晒到阳光下让紫外线杀菌，经过紫外线杀菌的内裤是最干净的。内裤一般穿上3个月或者松紧变形了就要更换新的。

其次，很多女性都误会经期不能沾水，不能清洁阴部。事实上，"好朋友"来访的时候，更要保持阴部的干净卫生。因为经血是细菌、病菌最喜欢的温床，不做好清洁，它们就会来捣乱，细菌性阴道炎、霉菌性阴道炎会让女性苦不堪言。建议每晚用温水清洗外阴，清洗盆、毛巾和水要单独使用，最好采取淋浴的方式清洗。可以洗头，但一定要及时吹干。

再次，平常我们就要养成大小便后用干净的卫生纸从前往后擦拭的习惯，预防细菌从肛门和尿道进入阴道，伤害身体。

此外，还应该注意的是：青春期女生不要经常穿紧身的牛仔裤。牛仔裤比较厚实，通风和透气性比较差，会导致阴部闷热，滋生细菌。经期更是要穿宽松、透气的外裤，让细菌无处遁身。当我们觉得瘙痒难受时，不能自己乱用一些洗液，应该及时告诉妈妈，让妈妈带我们去医院就医。

第 2 章 奇妙的身体

成长寄语

难言之隐人皆有之，不要害怕，不用害羞，大胆求助，及时就医。别忘记家人永远是我们坚强的后盾。

做一做

1. 勤换洗内裤，勤洗阴部。
2. 大小便后，用干净的卫生纸从前往后擦拭。
3. 少穿紧身裤，多穿运动裤。

判一判

1. 月经期间不能洗澡洗头。（　）
2. 我用洗脸的盆子清洗外阴。（　）
3. 我的阴部好痒啊，可我不好意思告诉女老师和父母。（　）

（上面的做法都不对，相信你一定判断正确！记住经期注意事项对自己的健康很有帮助。如果发现异样一定要及时告知父母和女老师！）

第 3 章

呵护我的青春

插画作者：杜馨瑶

第11课　我要争做"清爽小女神"

西西和晓晓的小烦恼

西西又有了新的烦恼。她觉得自己的体味越来越重。有时候一天不洗澡就浑身油腻腻的，头发也散发出浓重的味道。尤其是在炎热的夏季，西西更是觉得身上散发着难以形容的味道。西西苦恼不已，她想当香喷喷的女生，不想当臭烘烘的女生。而另一边呢？好朋友晓晓也很苦恼，晓晓是个爱美的小女生，她每天早上明明把脸洗得清清爽爽的，可是一到中午就满脸油光。更让她烦恼的是，最近她的额头、下巴和脸颊上冒出了大片的小痘痘，不仅难看，而且又痒又痛。晓晓忍不住用手去挠，结果却越来越严重，晓晓都不敢看镜子里的自己了。最后，还是妈妈带她去皮肤科看了医生才有所缓解。

我们为什么会长"痘痘"？

西西和晓晓的苦恼也是很多青春期女生的苦恼，因为我们在进入青春期后，受到激素水平的影响，分泌腺比较旺盛，体内会分泌出大量的激素，使我们的体味加重。与此同时，我们体内激素水平的迅速升高，也会促使皮脂腺发育并产生大量皮脂，堵塞毛孔，形成青春痘。不过体味和青春痘都是人体正常的生理反应，也会随着我们的发育逐渐减轻。

我们怎么和"痘痘"和谐相处呢？

青春痘是人体正常的生理反应，在长痘期间，千万不要用手去挤，以免留下痘印痘坑。我们可以每天早晚用洁面乳洗脸，按时做好去角质工作，保持毛孔通畅，注意补水控油，选择有保湿作用的爽肤水和乳液。在饮食上我们要注意少食辛辣油腻食物，多吃高纤维的蔬菜水果。如果青春痘特别严重，也要让父母带我们到专业的皮肤科寻求医生帮助，千万不要轻易相信美容院和美容产品的宣传广告。

保持清爽，我们可以这样做！

青春期的我们想要保持清爽，就要勤于清洁自己的身体。天气热的时候要勤洗澡勤洗头，天冷时也要做到至少一周洗一次。洗澡洗头时尽量选用优质的沐浴露和洗发水。此外，要养成良好的个人卫生习惯。平时尽量穿舒适透气的衣服，保持身体清爽。

第 3 章 | 呵护我的青春

成长寄语

青春期女生哪怕素面朝天也有不可复制的美，青春的活力就是最美的妆容。调整心情、健康饮食、养成良好习惯，你，本来就很美！

想一想

你的好朋友最近正被青春痘问题困扰着，她变得越来越不自信，你有什么好办法可以帮助她吗？

第12课　我不做"小炸弹"

? 晓晓的小烦恼

晓晓最近感觉自己有点像个"小炸弹"，有时候她会因为鸡毛蒜皮的小事而莫名其妙地生气。就拿这两周来说，她就"炸"了三四次：上周五，航航和她开了一个小玩笑，她就气得不行，趴在桌上哭了好久；上周六，妈妈因为工作取消了周六的游乐场行程，她就把自己关在房间里整整一个上午；这周一，西西和实实放学回家，忘记等晓晓，晓晓又好像有了被抛弃的感觉……总而言之，晓晓就是感觉自己这段时间特别的无助，她发现自己突然变得有些胆小，她害怕一个人独处，害怕自己考试失利，害怕自己不够漂亮、不够优秀，害怕好朋友不再喜欢自己……晓晓担心自己是不是生病了，她讨厌这样子的自己……

我生病了吗？

其实，晓晓并没有生病，她的情绪是正常的青春期反应。我们常常把青春期形容为"儿童以上，成人未满"的过渡期。这段时期我们的身体急剧变化，自主性逐渐增强，心理上容易遭受挫折，产生一些负面情绪，如急躁、紧张、易怒、不安、焦虑、沮丧、孤单、厌烦等。有时候爸妈一句无心话语，我们就会觉得"你嫌我不好"；别人一个无意眼光，我们就认定"他讨厌我"。这些其实都是情绪在作怪，是青春期的每个同学都可能会出现的正常表现。

我们应尽量排除和疏解不愉快的消极情绪，保持愉快的积极情绪。愉快、平稳的情绪对我们健康的重要性是不言而喻的，它可使我们精神振奋、干劲十足、思维敏捷、效率倍增。如果我们长期易爆易怒，久而久之，会给身体造成一些伤害；如果我们长期情绪低落，甚至偷偷哭泣，久而久之，可能会有抑郁倾向。可见，管理好情绪，对我们自己的身体和心理都有极大的好处。

我该如何管理自己的情绪呢？

以理解、积极的心态待人，不自寻烦恼，树立积极向上的志向，提高自身修养。当有人惹到我，"小火山"马上就要爆发时，一定要冷静，先做几个深呼吸，想想：这件事情真的就这么值得生气吗？我是不是也有做得不好的地方呢？如果我真的爆发了，会不会对同学和自己造成伤害呢？凡事缓一缓，烦

了解青春期的秘密 ▶ 我是女生

恼少一点。

学会从积极的方面观察事物，学会积极的心理暗示。平时我们看问题要学会从正面观察事物，培养积极的情绪体验。比如期中考试考差了，如果我们从消极的角度看，就会一味责怪自己："我怎么这么笨？"但如果我们换个积极的角度，就不会过分自责了："这次没考好，暴露出我学习中的很多问题，我要好好分析丢分原因再弥补，争取下次赶上去。"每天早起时，给自己一些开心、自信、成功的自我暗示，坚持下来，就会收获更多的好心情。一句话，多给自己打打气绝对没错。

合理宣泄，学会疏导。倾诉是一种良好的情绪疏导渠道。当你遇到烦恼和不顺心的事时，不要忧郁、压抑，把它埋藏心底，而应该向父母、老师、好朋友倾诉，寻找积极开解的渠道和方法。当你情绪低落时，可以试着转移注意力来调节情绪：听上一曲自己最喜欢的音乐，看一部欢乐的电影，约上三五好友跑跑步、打打球、逛逛街等。

成长寄语

拿破仑说过:"能控制好自己情绪的人,比能拿下一座城池的将军更伟大。"让我们共同努力,做情绪的主人。

做一做

1. 每天早起时,对着镜子给自己一个微笑,对自己说:"今天又是美好的一天,加油!"
2. 心里难受时找父母、老师、朋友聊一聊,或者来一场大汗淋漓的运动。
3. 在怒气上冲、要发脾气前,先做几个深呼吸。

第 13 课　我的友谊小船我守护

娜娜和妮妮的小烦恼

　　一天的作文课上，兰兰老师看到了娜娜笔下所写的烦恼："我和西西、晓晓是形影不离的好朋友，可是我发现最近她们俩总是在一起，都不带上我。我和她们在一起时也是她们俩之间说话说得比较多，我觉得她们俩好像在故意疏远我，我又生气又难过……"而另一个本子上，妮妮也有话说："太让人郁闷了，我和西西友谊的小船说翻就翻。我们俩可是从幼儿园一起长大的好朋友啊！有那么多难忘的记忆，比亲姐妹还亲啊！谁知道我们因为喜欢不同的偶像而翻脸啊！西西也太小气了，至于一周不理我吗！唉，要是西西永远都不理我了，可怎么办啊？谁来帮帮我呀？"

我们明明是好朋友！

随着朋友间交往的深入，我们会认为朋友应该很了解我们，对朋友的期望也会越来越高，当朋友不了解我们时，我们就会心生不满，当朋友不能达到我们的期望时，矛盾就自然产生了。同时，随着认知能力的提高，青春期的我们对问题也有自己独立的见解，自我意识与独立意识也逐渐增强，与朋友有不同的意见甚至发生矛盾都是很正常的事。牙齿和舌头都会"打架"，更何况人与人的相处呢。但是如果不及时沟通解决，小矛盾就容易变成大矛盾，甚至还会让我们友谊的小船翻掉哦！

如何守护我们友谊的小船？

在成长的道路上，友谊是上天赐给我们最珍贵的礼物。友谊是一支彩色的笔，把我们的童年生活点缀得五彩斑斓。友谊伴随我们成长，让我们享受着温暖的阳光。失去了友谊，就像小鸟折去了美丽的翅膀，再也不能在天空里飞翔；失去了友谊，就如大树失去了郁郁葱葱的枝叶，没有了勃勃生机。女生间的友谊更要细心呵护。面对女生交往中出现的问题，我们可以做些什么让自己和同伴的相处更自在、更和谐呢？

第一，相互尊重、待人坦诚。

我们每个人都希望被尊重，也只有尊重他人才能赢得他人的尊重。对于他人的优点，要适度赞美；尊重他人的生活方式，不要因为他人的不同而嫌弃别人；与人交流时注意说话的语气，

了解青春期的秘密 ▶ 我是女生

随时注意对方的反应，适时调整谈话内容，不自顾自言；不随意传播流言蜚语，答应对方的事情要做到，对于别人的秘密要保守；与人交往时态度随和，既不盛气凌人也不低三下四，做到不卑不亢，遇到不被尊重的情况或被欺负时，可以寻求老师和家长的帮助。

第二，相互宽容、换位思考。

我们每个人都有自己独立的思想、不同的思考问题的方式。生活在不同的生活环境中，处理问题的方式方法也会不同。遇事多换位思考，相互宽容，可以让我们的友谊更稳固和长久哦！

第三，独立自信、亲密有度。

做一个人格独立的人，不依附于他人，和好朋友之间适当地保持距离。丰富自己的课余生活，不断充实自我。记住，阳光自信的人是自带吸引力的哦！

成长寄语

成熟的表现不是假意逢迎，也不是孩子气地赌气决裂，而是自然地与他人保持距离，不委屈自己，不伤害他人。

想一想

和朋友闹矛盾时，我们可以做些什么让友谊的小船更稳固呢?

第 14 课　我和我的男同学

西西和晓晓的小烦恼

　　这天放学，西西拉着晓晓，"我告诉你一个秘密。"西西有点腼腆，"你知道吗？可能是我最近和航航多说了几回话，同学们便戏称我和航航是一对。开始，我有点害怕，总是有意无意地疏远他。可是渐渐地，我听到同学起哄，反而有点高兴了，我发现自己好像总是忍不住要去关注航航的一举一动，我好像喜欢上航航了。现在我整天为此心烦意乱，我不知道该不该和他交往下去，该如何交往……""哎！"晓晓叹了口气，"我也很心烦，你知道隔壁班的小川吗？他长得高大帅气，运动场上只要有他出现，冠军就一定是他，学习成绩也很好，他可是好多女生的偶像呢。我发现自己也有点喜欢他，理智告诉我这是不应该的事，可是自己又无法将他的影子从心中抹掉……"两个好朋友有了同样的烦心事。

别的女生也会这样吗？

西西和晓晓并不是个例。其实，当女生进入青春期，体内的雌性激素分泌激增，便产生了接近异性的需要和愿望。喜欢去关注异性是人之常情，是受体内性激素影响的结果，也是我们心智发育正常的标志。它是正常的、健康的，它们像吃饭、睡觉、出生和死亡一样普通、自然。正是因为如此，进入青春期的少男少女几乎都会对异性怀有极大的关注：对友情的需求，对异性的好奇，加上浪漫的幻想，混合成一种不同寻常的情感体验。

想要接近异性的需要和愿望是自然的、健康的，但并不是说我们就可以任由它支配。我们需要清楚地知道：对某个男孩的好感，并不等于书上常说的爱情。青春期的我们人格还不成熟，性情尚不稳定，生活阅历有限，对人对己的认识还不深入，也许我们喜欢的只是自己想象中的他，随着认识和交往的深入，你会发现，他和我们想象中并不一样。再加上我们的未来尚未确定，我们还不了解自己未来的生活方式，当然也就不知道自己未来需要什么样的人来做伴侣。因此，将朦胧的好感当作爱情的萌发，就好比是冒险地踏进一片虽有着奇花异草但也暗藏陷阱的森林，也许我们会因此而抱憾终身。

我该怎样和男同学做朋友呢?

要避免自己陷入困境,保持正常的异性交往,我们可以这样做:

群体交往。我们在和男同学相处时,要注意交往的时间、地点和方式。要保持正常的友谊,不要引起别人的误解。在集体活动的交往中和男孩子发展健康的友谊,做到不单独给男生送礼物,也不单独接受男生的馈赠,更不与男生单独相处。

自尊自爱。和男生相处时仪态要大方,既要讲究语言美,诚恳待人,也必须及时制止他人对自己轻佻的言辞和举动。不要和男生动手动脚,打打闹闹,举止轻浮。在和男生交谈时,保持一米左右的个人距离,会让我们的交往更自在哦!

不轻易表示对异性的好感。不要随意表达对男生的好感,更不要随意给男同学写信,要善于控制自己的感情。爱情不同于友谊,现在的我们还不成熟,无法承担由此产生的种种责任,我们要把对男同学的感情控制在友谊的范围之内。

发展业余爱好。多参加有益于身心健康的文体活动,把精力用于学习上。丰富多彩的活动,充实的生活可以有效地转移我们的注意力。

第3章 呵护我的青春

成长寄语

初恋的芬芳在于它是热烈的友情。青春最美的不是梦，而是与你一起追梦的人。初恋太美好，别轻易交付。

做一做

看完这一课的内容，你一定知道该怎么和男同学做朋友了。下面的做法对吗？若不对，你可以给她一点建议吗？

我觉得航航很优秀，很想和他做朋友，就悄悄给他写封信表达对他的欣赏，然后再给他挑选一份礼物，一起放到他的抽屉里。

第15课　我和我的父母

❓ 西西和晓晓的小烦恼

"西西，你怎么了？怎么无精打采的？"晓晓关切地问道。"我考试没考好，昨晚妈妈一直在我耳边唠叨，我觉得好烦，就和妈妈吵了起来……晓晓，我现在真的是越来越不知道该怎么和我妈妈相处了，我觉得她以前也没那么唠叨呀，家长总觉得我们没长大，什么都要管我们！""别提了，我现在觉得兰兰老师也没以前那么喜欢我了。"晓晓也抱怨道，"她以前那么爱夸我，可是，自从上了六年级，你看，她三天两头地批评我，同样的事情还翻来覆去地说。我跟妈妈诉苦，妈妈还老说是我的问题。是，我知道，我不就是追了个明星嘛！反正在她们心里，我们就是什么事情都要她们操心，她们也不嫌管得宽……"

别人和父母也这么难相处吗？

青春期的我们和父母之间发生矛盾是常有的事。进入青春期之后，我们会越来越依赖同伴，会认为和父母间缺乏共同的语言和相同的兴趣。随着自我意识的逐渐增强，我们会认为父母的要求太多、太烦，会不希望受到父母的约束；同时我们觉得自己已经长大了，什么都懂了，所以当父母唠叨时，我们会排斥、会反感，矛盾就产生了。

我该怎么和父母、老师相处呢？

踏入青春期的我们该怎么和父母、老师相处呢？兰兰老师来为你支招：

有效沟通。沟通是解决矛盾最为有效的方式。要注意正确地和父母、老师沟通，让他们知道你在想什么，想做什么，并请他们试着去理解你。可以告诉他们你已经长大了，不要再为你操心了，但答应他们的事也应该做到，履行自己的义务，学会守信和担当。

学会理解。我们要学会控制自己的情绪，不要因为一点小事就对父母、老师发火。青春期心思最为敏感，情绪难以控制，这是正常的。但我们也要尽量换位思考，试着理解他们的苦心，要知道，他们再怎么唠叨，初衷都是为我们好。

学会包容。父母师长毕竟和我们不是同一个年代的人，无论是在思想上还是在行为上，都有代沟。他们也需要成长，面对新的事物也需要接受和学习。因此，我们要学会去包容和尊重他们。他们的阅历要比我们丰富得多，尽管有时采取的方式可能存在一些问题，但不管怎么说，他们的出发点是为我们好。作为子女，我们可以用自己的言行去向他们证明，这些道理我们都懂，都听进去了。

清晰表达自己的需求。 向父母和老师清晰地表达自己的需求，如自己有什么爱好，有什么想法，有什么想做的事……当双方出现分歧时，试着语气平静地说出自己的想法和解决方案，平和地与父母交流。

成长寄语

父母是一个神圣、伟大、无私而又无比平凡的称谓。父母的爱陪伴我们一生，当我们在渐渐长大时，他们也在慢慢变老，我们要多理解他们，多与他们沟通。

做一做

1. 分别记录父母的三个最大的优点。

2. 记录一天中父母为我们做了哪些事情，以及我们为父母做了哪些事情。

3. 和父母开一次家庭会议，就最近家里的某一件或某一些事情发表各自的看法。

第16课 我要好好爱自己

❓ 晓晓的小烦恼

一个秋高气爽的早晨,西西哼着歌儿,刚要走进校门,却看见晓晓神色慌张地向她跑来,西西连忙迎上去问道:"晓晓,你怎么了?"晓晓拍着胸口喘着粗气断断续续地说道:"别……别提了。今天早上我发现学校后面的新路好像通了,我想抄个近路早点到学校。可是我走到一半才发现那条路上基本没有人,就在这时,有个大叔朝我走来,他一直盯着我看,看得我心里直发毛。我赶紧走快了一些,却总感觉后面有人跟着我,吓死我了!我只好撒腿就跑,比我跑100米比赛还快。累死我了!"西西拍拍晓晓的背,安慰她道:"还好没事,以后可千万不能独自走偏僻的地方,可不是每次都这么幸运的,万一出事,后悔就晚了!"

57

世界不全是阳光和美好！

青春期的我们，拥有阳光般灿烂的笑容，怀有远大宏伟的理想，富有绚丽、梦幻、丰富的情感。但是年少的我们有时候就像含苞待放的花儿一样脆弱。这个世界并不全像我们想象的那么美好，也有我们不知道的黑暗，就像动物世界里会有一群随时想要伺机吃掉小白兔的恶狼一样，所以我们一定要树立保护自己的观念。

保护自己是一辈子的大事！

逐渐长大的我们该如何保护自己和避免被别人伤害呢？

第一，背心和短裤所覆盖的地方是我们女生的隐私部位，是不准异性触碰的，包括异性亲戚和朋友。别人让我们看或摸他的隐私部位时，要拒绝并在事后告诉父母和老师。别人要我们拍不穿衣服的图片和视频时要立即拒绝，别人想强行和我们拥抱、接吻也是不可以的！当别人做让我们害怕的事情时，要大声拒绝并想办法离开，请求他人的帮助。坏人的秘密不需要保守，要及时告诉父母和老师。

第二，不要贪小便宜，不要随便接受别人的东西。不要跟陌生人走。要牢记：天上是不会掉馅饼的，贪小便宜的代价可能就是人身安全和财物安全。

第三，不要把家里的钥匙挂在脖子等明显地方，不要让别人看到。独自一人在家一定要锁好门，陌生人敲门不要开。

第四，上学及放学回家不要经过偏僻的地方，最好与同学结伴而行。

第五，不随意透露个人信息。在网络上，你根本不知道和你聊天的是好人还是坏人，尤其是当看到"免费送礼品"等字样时，切勿透露自己的信息。

第六，遇到坏人拦截，要尽快寻求帮助，向警方或亲友求助，也可以向周围人求助；可以随机指定一个人来帮助你，比如那个穿白衬衣的叔叔来救我啊！""那个穿横条纹衫的阿姨，救命啊！"这样可以提高求助的成功率。如果发现有人在半路跟踪你，你要往人多的地方跑，如果情况紧急，你甚至可以损坏周围商铺的物品，因为这样就会有人来围住你，要你赔偿，坏人见到这么多人，便不敢继续跟踪。

第七，远离酒吧、网吧等未成年人禁入的场所，这些场所鱼龙混杂，什么样的人都有，容易让我们陷入危险。

第八，无论发生任何事情（如受到威胁、侵害……）都要及时告诉父母或老师，不要隐瞒。隐瞒只会助长坏人的气焰，让自己陷入更可怕的境地。

成长寄语

生命只有一次，我们要保护好自己，永远不给坏人可乘之机。

判一判

1. 爸爸妈妈不让我玩游戏,我就悄悄去网吧玩。（ ）

2. 老师让我们要助人为乐,碰到陌生人让我带路,我就主动和他一起走。（ ）

3. 我在网上新交了一个网友,他让我把照片发给他,朋友间要真诚,我要把自己真实的照片发给他。他还约我见面呢,第一次见面我要穿漂亮一点,给朋友留个好印象。（ ）

4. 今天他又让我给他钱,不给就要打我,还不许我告诉任何人,我好害怕,对谁都不敢说。（ ）

（上面这些做法都不对,相信你一定判断正确！恭喜你闯关成功！请记住：好好爱自己,保护自己是一辈子的大事哦！）

第4章

致成长中的自己

插画作者：高瑞萌

第17课　我们从哪里来？

西西和晓晓的小疑惑

周一一大早，心细的晓晓就发现西西的脸上洋溢着丝丝喜悦。"快告诉我，有什么好事情？"下了课，晓晓迫不及待地问西西。西西神神秘秘地凑到晓晓耳边悄悄说："我姐姐昨天在医院生宝宝了，我当小姨了！""哇，太好了，上次见你姐姐她还大着肚子，走路很累的样子。对了，是谁把小宝宝放到她肚子里的呢？"晓晓有些不解。"我也说不清楚，不如去问问老师吧！"两人鼓起勇气去问兰兰老师。兰兰老师笑眯眯地为她们解答："你们还记得一年级时上过的"生命生态安全"课吗？里面讲过的哟，每个人的生命都是爸爸妈妈给的，是爸爸妈妈爱情的结晶。爸爸提供精子，妈妈提供卵子。爸爸的最强壮的精子和妈妈的卵子结合成为受精卵，在妈妈的子宫里生长发育40周左右，最终妈妈忍着巨大的疼痛，生下了我们。"原来是这样，晓晓和西西明白了。"妈妈真伟大啊！"两人忍不住发出感叹！

第 4 章 致成长中的自己

生命是怎样诞生的呢？

世间万物是很奇妙的，地球上生活着各种各样的生物。像我们人类一样在母亲的子宫里孕育，出生后需要母亲用乳汁哺育的动物叫做"哺乳动物"。乔治·艾略特曾说过："我的生命是从睁开眼睛，爱上我母亲的面孔开始的。"在人类诞生的时候，自然界便赋予了女性一项神圣而光荣的使命，那就是孕育新生命，繁衍后代，使人类文明可以生生不息地传承下去。女性生育期就是指女性可以受孕生育的时期，是女性继青春期后又一个重要时期。《妇产科学》指出，一般女性的生育期是18岁左右开始，历时约30年。在此期间，女性的卵巢排出卵子，卵子在输卵管内等待与精子相遇。如果女性在排卵期间有了性行为，卵子和精子结合成受精卵，在子宫着床发育后，女性便会产生妊娠反应。胎宝宝在妈妈的子宫里发育期间，他的各个身体器官将逐步发育成熟，最终从妈妈的产道分娩出来，和亲人们见面，开始一段新旅程。

了解青春期的秘密 ▶ 我是女生

生育是必须的吗？

　　生命是联络感情的重要纽带。人是要长大的，长大后，不仅希望能遇见与自己共同成长、共担风雨、共度一生的那个人，而且希望与那个人共同孕育新生命，这是非常正常而且健康的生理与心理需求。就女性个人而言，生育可以帮助女性完善各方面身体机能，同时也可以帮助女性预防一些疾病。女性生育期是女性一生中的重要时期，也是最重要、最繁忙的阶段。我们要经历怀孕、分娩及哺乳等特殊生理现象。所以，女孩子们，我们要好好学习相关的知识哦！因为只有了解了这些知识，我们才能更好地爱自己，为自己的健康和幸福保驾护航。

成长寄语

　　父爱和母爱就像太阳，无论时间多久，无论走到哪里，我们都会感受到它的温暖和和煦。感谢爸爸妈妈给了我们生命！让我们能体会这个世界的美好！

做一做

  1. 选择一个合适的时机，跟随父母上一天班，体验父母工作的辛苦和劳动的光荣。

  2. 在假期里当家一天，为家人准备一日三餐，体验父母的辛劳与奉献，以实际行动感恩父母。

第18课　我知道结婚生子是严肃的事情

❓ 晓晓的小疑惑

晓晓是个活泼开朗的孩子，今天在学校里和西西的对话给她留下了深刻的印象，晚饭后，她回想起老师的话，又有了新的疑惑，她请教妈妈："妈妈，我以后也会生宝宝吗？""当然啦！"妈妈点点头。"是什么时候呢？"晓晓又问。妈妈停下了手里的活儿，把晓晓拉到沙发上坐下，郑重地告诉她："从生理学角度讲，女生只要来月经了，就已经开始排卵了，已经具备生宝宝的能力了。但是，生宝宝绝对不是随便简单的事。就像爸爸妈妈，我们认识了解后开始恋爱，相处了很长时间，经过慎重考虑后决定结婚。结婚后我们共同经营小家庭，创造了好的条件。在一切准备就绪后，我们决定怀宝宝，我们做了健康检查，调理了身体，改掉了一些不良的生活习惯，最终生下了健康聪明的你，精心养育你，给你一个温暖的家。""妈妈，我明白了，生宝宝是特别严肃慎重的事情，只有有能力对自己的人生负责时才能考虑。"

结婚生子到底是怎么回事?

生活中，我们经常去参加婚礼。结婚，是男女双方在自愿平等的基础上建立的取得法律、伦理、医学、政治等层面的认可，双方共同生产生活并组成家庭的社会现象。我国的法定结婚年龄是男性不早于22岁，女性不早于20岁。婚姻不同于爱情，前者只需要两颗悸动的相互吸引的心，而后者则意味着更多的责任和义务。恋爱中的两个人一旦决定结婚了，就意味着他们的爱情得到了升华和肯定。决定结婚的男女双方须携带相关证件去民政部门办理结婚登记并领取结婚证。结婚后，夫妻双方要担负起小家庭的责任，互敬互爱、努力工作，孝敬父母长辈。

结婚后做好相关准备就可以生育孩子了。专家们通过长时间的研究得出的结论是：女性较佳的生育年龄是25～30岁。在此年龄段，女性的生育力较旺盛，胎儿的质量较高，出现难产的机会比较小，女性自身身体机能也恢复得较快较好。如果产妇年龄太小，便容易出现合并妊娠高血压综合征、早产等，也可能因为骨盆发育不完全而导致难产。而如果产妇年龄过大，卵细胞发生畸变的可能性则会增加，胎儿畸形的发生率也会增加。所以女生们要选择在合适的年龄结婚生子。

了解青春期的秘密 ▶ 我是女生

听说生孩子很疼,我很害怕!

生育孩子对女性来说是一件意义非凡的事。孩子是一个家庭最为鲜活的代表,能让我们更真切地体会到父母亲情的可贵。生育虽然辛苦,但是也很幸福,一个既像爸爸又像妈妈的小孩子,是爱情的见证,也是生命的延续。影视剧里生孩子的场面往往是有夸张成分的,现代医学在不断发展进步,已经有很多方式可以减轻分娩的痛苦,帮助女性安全生育。所以,女生们,不要害怕、不要抗拒,在我们该做妈妈的时候,优生优育,勇敢地为我们的幸福添砖加瓦!

成长寄语

梁实秋爷爷曾说过:"以爱情为基础的婚姻,乃是人间无可比拟的幸福。"祝愿每个女生都能努力让自己变得更好,遇见生命里那个正确的人,拥有幸福的人生。

第 4 章 致成长中的自己

判一判

1. 长大后,我可以随便找个对象就结婚。　　　(　)
2. 长大后,我可以随意选个时间生孩子。　　　(　)

(上面的做法都不对,相信你一定判断正确了吧!请记住:结婚生子都是必须认真对待的人生大事,不能随意哦!)

记一记

父母的结婚纪念日是哪一天?请用心为他们策划一次难忘的结婚纪念日活动。

第19课　我的妈妈怎么了

❓ 晓晓的小烦恼

时光如梭，转眼间晓晓已经读大三了。大学的学习生活是繁重而忙碌的，而家总能带给她踏实和温暖。可是最近她在周末却不想回家了，因为她发现温柔恬静的妈妈好像变了个人似的，一句话不对就"炸毛"，总看不惯晓晓和爸爸，动不动就对他们发脾气，她忍不住跟妈妈顶了两句嘴，妈妈甚至情绪失控地哭了。她还发现妈妈变得爱出汗，经常脸红。晓晓觉得很困惑，她给小姨打电话求助："小姨，我妈妈怎么了？她生病了吗？"小姨听完晓晓的讲述，一下子就明白了："你妈妈可能是到更年期了。""更年期？""是的，晓晓，你去网上查查资料吧，要多关心、帮助妈妈哦！"挂了电话，晓晓马上上网查了很多关于更年期的资料，终于明白妈妈到了需要她和爸爸特别关心和呵护的年龄了。

第 4 章 致成长中的自己

晓晓的妈妈到底怎么了？

女生们，别担心，晓晓的妈妈并没有生病，而是到了一个特定的时期了。像一朵鲜花需要经历从含苞待放到尽情怒放再到逐渐枯萎的过程，《妇产科学》指出，女性从开始出现绝经趋势，直到最后一次月经的时期叫作"围绝经期"，俗称"更年期"。我国妇女平均绝经年龄为 49.5 岁，80% 在 44 ~ 54 岁之间。这个时期的女性，随着身体的衰老，女性卵巢功能开始减退、衰竭。一旦卵巢分泌的雌激素减少，就会对身体各个器官造成不同程度的影响。

首先，陪伴女性多年的月经将会出现周期延长、经量减少的情况，直到绝经。其次，这一时期的女性还会不同程度地出现潮热、出汗、心慌心悸、头痛头晕、失眠乏力、骨质疏松等生理症状。再次，这一时期的女性还会出现烦躁易怒、焦虑不安、情绪抑郁、敏感多疑、脆弱易哭等精神问题。当然，每位女性的更年期症状和程度都是不同的，有的人比较轻松就度过了，有的人则会比较痛苦，这都是正常的。

关爱和帮助妈妈，我们可以怎么做？

女生们要知道，由于的生理构造特殊，加上多年来忙于生育孩子、照顾家庭、兼顾工作，妈妈们是非常辛苦和忙碌的。她们往往把自己放在了家庭的最后位，对自己的关爱最少。俗话说，女儿是妈妈的小棉袄，像曾经妈妈无私地关爱和呵护我们成长一样，我们长大后要多多关爱陪伴自己的妈妈。妈妈在更年期不好过，我们只有了解妈妈的变化才能体谅和帮助妈妈，她发脾气、"找茬"时，让着她，顺着她，哄哄她，就像她哄小时候的我们一样。多陪妈妈到户外走走，做做运动，提醒妈妈多喝牛奶、豆浆，多吃全谷类、坚果类食物。有需要的话陪伴她去医院寻求医生的帮助。当然，关爱妈妈，不仅是更年期，随着我们的长大，在包容、忍让、顺从妈妈的同时，还要用心引导她发展自己的兴趣爱好，丰富生活，帮助她缓解焦虑情绪，找到自己在工作生活中的乐趣。

成长寄语

特别的爱，给特别的妈妈！关爱更年期妈妈，不仅是对妈妈的拳拳之心、殷殷之情，也是关爱未来的自己！

做一做

记住爸爸妈妈的生日，在他们生日那天送上一句真挚的祝福，精心准备一份礼物，让他们享受其乐融融的天伦之乐。

心田花开
——写给青春期的我和你

（用最优美的文字书写最美好的祝福！）

主要参考文献

[1] 马小娜.12岁懂自己：青春期女生需要知道的31件事[M].吉林：吉林出版集团股份有限公司，2020.

[2] 小吴妈妈.好妈妈写给青春期女儿的私密手册[M].北京：中华工商联合出版社，2018.

[3] 沧浪.妈妈说给青春期女儿的悄悄话[M].北京：中国妇女出版社，2020.

[4] 杜启龙.陪孩子度过青春期——父母送给青春期孩子的成长礼物[M].北京：北京联合出版公司，2020.

[5] 杨建秋.妈妈送给青春期女儿的私房书[M].北京：中国华侨出版社，2020.

[6] 田萍.妈妈写给青春期女儿的书[M].北京：中国华侨出版社，2015.

[7] 罗发琴.走出青春期性教育的困惑[N].安康日报，2010-08-26（007）.

[8] 李晓宏.我国青春期性教育存禁区[N].中国人口报，2010-10-12（J01）.

[9] 姚敏.青春期性教育家长需"脱敏"[N].中国消费者报，2004-01-09（B04）.

[10] 金林.青春期性教育有缺失[N].广元日报，2005-01-22（B03）.

[11] 张波，钟卫宁.互动青春期性教育[N].北京日报，2003-11-19.

[12] 许天红.社会篇：关注青春期性教育[N].中国医药报，2002-10-13.

[13] 王一兵，宋秋舫，剧俊筱.青春期性教育扎根校园[N].中国人口报，2004-01-05（001）.

[14] 立秋，雨荷.出版关注：青春期性教育问题凸现[N].中华读书报，2004-01-21.

［15］晓路.青春期性教育走进中学生课堂[N].中国中医药报，2002-07-26.

［16］王思海.青春期性教育应是一项系统工程[N].科技日报，2002-09-16.

青春期教育课本相关资料

学科	年级	课次	题目	主要内容
道德与法治	三年级上册	第七课	生命最宝贵	感受生命不易，爱护自己的身体
生命·生态·安全	一年级上册	第三课	我从哪里来	生命是如何孕育的，什么样的男生女生可以孕育生命
生命·生态·安全	一年级上册	第四课	我的爸爸妈妈	男女结婚非常慎重，体会父母对孩子的爱
生命·生态·安全	一年级下册	第三课	小辫子和小平头	了解生命来源和性别特征，男女平等
生命·生态·安全	六年级上册	第十二课	青春期的健康	了解青春期的男女生生理变化，养成良好的卫生习惯
生命·生态·安全	六年级上册	第十四课	男生女生	了解男生女生性格不同，心理不同，坦然面对男女差异
生命·生态·安全	六年级上册	第十五课	我已悄然长大	认识体会青春期的生理心理变化，了解青春期可能出现的成长烦恼，学习一般的处理方法

后记

自己学着长大

四季更迭，无数美好的瞬间凝结成时光的耳语，轻轻地问候一声：女孩，你好。

这本书，是四川大学西航港实验小学的老师们送给你的青春礼物，我们希望这本小书可以做你的知心朋友，让你在前行的路上不再孤单。

你慢慢长大，那些成长的烦恼和迷茫，那些羞于启齿又好奇的青春期秘密，都是进入青春期后正常而美好的事情。希望这本小书已经解答了你心中的一些困惑，抚慰了你心中的不安与困惑，解决了你在青春期那些难以言说的烦恼，让你不再无助，更好地认识生命、认识自己。老师希望你像太阳花，永远灿烂美好！

每个女孩都是一颗闪亮的星，每个女孩都是一朵芬芳的花。老师希望：时光与你，皆是美好！

青春欢迎你！